# Regensburg Sammelsurium

Geheimnisse, Kuriositäten
und Wissenswertes
über Regensburg

Gesammelt, geschrieben und illustriert
von Philipp Starzinger

Regensburg

# Vorwort

Gibt es ein unterhaltsames Buch über Regensburg, das mir so gut gefällt, dass ich es Regensburgern genauso wie Besuchern schenken möchte? Eins, das Fragen beantwortet, die ich mir selber schon oft gestellt habe:
Was bedeuten eigentlich die Bärentatzen im Pflaster der Schwarzen-Bären-Straße? Wie war das nochmal mit dem Ötzi aus Regensburg? Welche Bands gab es in Regensburg, welche Kneipen? Welche Geschichten sind zu neu, um in Geschichtsbüchern zu stehen, aber zu alt, um in der Zeitung zu stehen?
Was hat es mit der schwarzen Hand eines Bischofs auf sich, die ich als Kind im Domschatzmuseum besichtigt hatte? Von dieser Hand kaufte ich mir eine Foto-Postkarte und ich hatte vor dieser so viel Angst, dass ich sie ganz hinten im Kleiderschrank verstecken musste, sonst hätte ich nicht schlafen können.
Zur Beantwortung dieser Fragen gab es kein Buch. An einem regnerischen Sommertag habe ich beschlossen, diese Geschichten selber zu suchen und in einem Buch zu versammeln. Dazu habe ich unter anderem im Stadtarchiv, im Städtischen Museum, in der Bayerischen Staatsbibliothek und in alten Zeitungen gestöbert und viele Gespräche mit alten und jungen Regensburgern geführt. Wissen Sie bei einigen Sachen besser als ich Bescheid, seien Sie bitte nicht böse, sondern schreiben Sie mir!
Also viel Spaß beim Blättern und Schmökern! Schlagen Sie dieses Büchlein auf irgendeiner Seite auf und Sie finden sicher etwas Lustiges, Erhellendes oder Erheiterndes. Oder lesen Sie es von vorn bis hinten durch …

Ihr
Philipp Starzinger

# Prinz Joseph Abaisy

Der arabische Prinz Joseph Abaisy lebte und starb um 1800 im »Gasthof zum Schwarzen Pern« in der heutigen Schwarzen-Bären-Straße. Er lebte auf kleinem Fuß von Spenden des Hauses Thurn und Taxis sowie verschiedener Reichstagsgesandter. Was er genau in Regensburg machte, ist unklar. Nach seinem Ableben wusste niemand, welcher Religion er angehörte und auf welche Weise man ihn bestatten sollte. Wegen seines Vornamens entschied man sich für ein katholisches Begräbnis. Er hinterließ dem Wirt vom Schwarzen Bären 17 Gulden und mehrere arabische Bücher, die noch länger im Wirtshaus herumlagen.

# AC/DC

Die australische Band spielte am **27. November 1979** auf der Highway To Hell Tour in der RT-Halle in Regensburg.

# Anrede von Prominenz

Für den Fall, dass Sie einmal eine der folgenden Personen treffen sollten, prägen Sie sich jetzt schon die korrekte Anrede ein. Bei Fürsten und anderen Adeligen ist sie nicht mehr verpflichtend. Man kann sie aber großzügigerweise trotzdem benutzen.

| *Person* | *korrekte Anrede* |
|---|---|
| **Papst** | *Eure Heiligkeit* oder für Katholiken: *Heiliger Vater* |
| **Bischof** | *Eure Exzellenz* *Eure Hochwürdigste Exzellenz* |
| **Fürst und Fürstin** | *Durchlaucht* |
| **Rektor der Universität** | *Eure Magnifizenz* (nur bei offiziellen Anlässen) |
| **(Ober-) Bürgermeister** | *Herr / Frau (Ober-) Bürgermeister* |

# ← Albrecht Altdorfer

Maler und Kupferstecher. Wurde wahrscheinlich 1480 in Regensburg geboren († 1538). Es heißt, er malte 1520 das erste Bild der deutschen Kunstgeschichte, bei dem die Landschaft im Mittelpunkt stand!

# Alzheimer, Josef

## Der Wahlkampf

- »Freier Schweinsbraten für freie Bürger!«
- »Vergessen wir, was war! – Dafür gebe ich Ihnen mein Ehrenwort!«
- »Was wir heute versprechen, haben wir morgen vergessen!«
- »Hannelore, ist Deutschland ohne Josef Alzheimer noch zu regieren?« (Werner Leißl als Helmut Kohl)
- »Liste ALZ – Gott erhalt's«

Fiktiver Politiker, der mit dem Spruch »Vergessen wir, was war!« als Oberbürgermeisterkandidat 1996 gegen Amtsinhaberin Christa Meier antrat. Der Name ist satirisch gemeint und bezieht sich auf die heute wie früher vorherrschende Vergesslichkeit der Politiker hinsichtlich ihrer Wahlversprechen. Für den Bockbieranstich im Auerbräu wurde Heinz Mierswa vom Kneitinger Bräu gefragt, wer denn bei ihm den Anstich durchführe. Nach kurzem Überlegen antwortete er: »Schreib halt Josef Alzheimer.« Gesagt, getan, Mierswa verkleidete sich kurz darauf als Josef Alzheimer, führte den Anstich durch und so wurden auch gleich Fotos für den Wahlkampf gemacht. Höhepunkt des Wahlkampfs war eine große Ansprache des charismatischen Vorsitzenden am Haidplatz. Alzheimer rief den Regensburgern zu: »Freier Schweinsbraten für freie Bürger!« Zwei Vertreter der gegründeten »Liste ALZ« zogen in den Stadtrat ein. Trotz einiger anfänglicher Ablehnung ist Hubert Lankes 2011 immer noch engagiert im Stadtrat tätig.

## Aussprache

»*Rengschbuag*«. In Regensburg hat Regensburg nur zwei Silben:

[rengšbuag]

→ Name der Stadt

## ALTER VON REGENSBURG

Der Sage nach ist Regensburg älter als Troja und 831 Jahre vor Rom erbaut worden.

»Im Jahr der Welt 2070, nach der Sündfluth 420 und vor Christi Geburt 1890 Jahre«

… stand dort, wo heute Regensburg und Stadtamhof stehen, die Stadt Hermannsheim.

**(Emmi Böck, »Regensburger Stadtsagen«)**

## Augustenburg

Die Justizvollzugsanstalt Regensburg nennt man umgangssprachlich »Augustenburg«. Der Name kommt von der Augustenstraße, wo sie ihren Sitz hat. In dieser JVA sind nur Häftlinge mit maximal einem Jahr Haftstrafe. Oberbürgermeister Hans Schaidinger weiß, dass sogar die Haft in Regensburg was ganz B'sonders ist: »Viele Häftlinge, die zu mehr als einem Jahr Haft verurteilt werden, bedauern, dass sie aus Regensburg weg müssen.«

# Bierprobe!

Eine überaus praktische Übersicht der genauen geschmacklichen, optischen und geruchlichen Eigenschaften von 20 Regensburger Bieren eigens von **Bier-Sommelier Christoph Kämpf** für das Regensburg Sammelsurium verkostet.

Wir haben klassische helle Biere und besondere Biere in die Auswahl einbezogen. Sie stammen aus einem Umkreis von ungefähr 30 km und sind in der Stadt üblich und bekannt.

| **Name des Biers** *(alphabetisch sortiert)* | **Alkoholgehalt, Grundeigenschaft** | **Aussehen** |
|---|---|---|
| Berghammer **Hell** | 5,6% vol. Helles unfiltriert / naturtrüb | opal (trüb), orangegoldene Farbe, gleichmäßige Hefetrübung |
| Berghammer **Kupfer** | 5.6% vol. Dunkles, unfiltriert | kupferfarben, opal, gleichmäßige Hefetrübung |
| Bischofshof **Original 1648** | 5.1% vol. Helles | glanzfein, goldgelb, stark perlend |
| Bischofshof **Zoigl** | 5.1% vol. Helles, naturtrüb | feinporig, honigfarben, leicht opal |
| Eichhofener **Hell** | 5.0% vol. Helles | helle zitronengelbe Farbe, glanzfein, stark perlend |

| Geruch & Aroma | Geschmack & Antrunk | Nachtrunk & Abgang |
|---|---|---|
| leichte Noten von frischem Brot | malzig, keine Bittere | weich harmonisch ausklingend |
| leichte Röstaromen, etwas Karamell | kräftiger Geschmack, Bittere, Karamellnoten | Bittere ist dominat, übersteigt die Süße |
| alkoholische Noten, malzig | malzbetont, mild | kräftig, vollmundig |
| leichte Malznote, Düfte von Heu, Hefenoten | leichte Hopfenbittere | blumiger Hopfengeschmack |
| Geruch von frischem Brot | mild, kaum bitter, malzige Anklänge | weicher Abgang |

# Bierprobe!

| Name des Biers *(alphabetisch sortiert)* | Alkoholgehalt, Grundeigenschaft | Aussehen |
|---|---|---|
| Eichhofener **Spezial Dunkel** | 5.5% vol. Dunkel | feinporiger Schaum, kupferfarben |
| Fürstliches Brauhaus **Hell** | 5,5 % vol. im Wirtshaus gebraut, Helles naturtrüb | leicht opal, feinporiger Schaum, rotgoldene Farbe |
| Fürstliches Brauhaus **Stout** | 5,2 % vol. Stout-Bier in irischer Brauart, im Wirtshaus gebraut | cremiger hellbrauner Schaum, tiefes Schwarz, opal |
| Goss **Märzen** | 5,5 % vol., Märzen | bernsteinfarben, kupferfarben, leicht perlend |
| Kneitinger **Bock** | 6,5% vol., Bock | dunkle Kastanienfarbe, feinporiger Schaum, glanzfein |
| Kneitinger **Edel Pils** | 5.2% vol. Helles | feiner Schaum, strohgelbe Farbe, kräftige Perlage (stark moussierend), klares glanzfeines Aussehen |
| Plank **Hefeweizen** | 5.0% vol. Helles Hefeweizen | kupferfarben, stark moussierend, kräftige Schaumentwicklung |
| Prösslbräu **Adlersberg Hell** | 5,0% vol. Helles | helle gelbe Farbe, glanzfein, stabiler Schaum |

| Geruch & Aroma | Geschmack & Antrunk | Nachtrunk & Abgang |
|---|---|---|
| malzige Aromen, leicht röstige Aromen | etwas brenzliger Geschmack am Anfang, kaum bitter, etwas Schokoladennoten | verteilt sich gleichmäßig prickelnd im Mund |
| Karamell und Haselnussnoten | Honigsüße gleich zu Beginn, wird dann von Bittere abgelöst | etwas bitter im Abgang, Bittere legt sich über den gesamten Gaumen |
| deutliche Röstaromen, schokoladig | stark moussierend, trockener Geschmacks-eindruck, bitter | mit anhaltender Bittere ausklingend |
| malzaromatisch | weicher Antrunk, voller Körper | süßlich, leichte Karamell-noten |
| Röstaromen, leicht brenzliger Geruch, Karamell | leichte Süße, Karamell, wuchtiger Körper (für einen »einfachen« Bock) | keine Bittere, etwas klebriges Mundgefühl |
| leichte Hopfenbittere | angenehm rezent, frisch, feine Hopfenbittere die im Abgang zu spüren ist | leichter Charakter im Haupttrunk |
| fruchtaromatisch, reife Banane | spritzig, weich, rund | wenig bitter, leicht säuerlich |
| leicht malzige Note | vollmundig im Haupttrunk, malzig | im Abgang geht der malzige Geschmack in einen süßen Geschmack über |

# Bierprobe!

| Name des Biers *(alphabetisch sortiert)* | Alkoholgehalt, Grundeigenschaft | Aussehen |
|---|---|---|
| Prösslbräu **Adlersberg Palmator** | 7,9% vol. Doppelbock | tiefbraun bis schwarz, feinporiger Schaum |
| Regensburger Weißbräuhaus **Weizen hell** | 4,8% vol. Helles Weizen im Wirtshaus gebraut | fester Schaum, honigfarben, leichte Trübung |
| Regensburger Weißbräuhaus **Weizen dunkel** | 4,8% vol. Dunkles Weizen im Wirtshaus gebraut | fester Schaum, mittelbraun, kräftige Trübung |
| Spital **Hell** | 4.7% vol. Helles | strohgelbe Farbe, glanzfein, feinporiger Schaum |
| Spital **Heller Bock** | 7.2% vol. Heller Bock | goldgelb, stark perlend |
| Weltenburger **Asam Bock** | 6.9% vol. Doppelbock | dunkelbraun, feinporiger Schaum, Schaum sieht aus wie bei »Caffee Crema« |
| Weltenburger **Barock Dunkel** | 4.7% vol. Dunkles | rotbraunes Aussehen, rubinrote Anklänge, sehr feinporiger Schaum |

| Geruch & Aroma | Geschmack & Antrunk | Nachtrunk & Abgang |
|---|---|---|
| Schokolade, leichte Röstaromen, etwas Karamell | leicht moussierend, für einen Doppelbock schlanker Körper | Alkohol auf Anhieb nur leicht zu schmecken |
| hefeblumiger Geruch, leichte Banane | fruchtaromatisch, reife Banane, rezent, säuerlicher Haupttrunk | mild und weich ausklingend |
| malziger Geruch, leichte Röstaromen | leichte Malz- und Röstaromen, säuerlicher Haupttrunk | weich und mild ausklingend |
| leichte malzige Noten | mild, ein Hauch von Zitrone | leichte Bittere, die schnell wieder weg ist |
| Honignoten, zart fruchtiger Duft, Malzaromen eher hintergründig | alkoholaromatische Noten | voller, cremigweicher Körper, keine Bittere |
| Karamell- und Röstaromen | etwas Pflaume, und Schokoladenanklänge, alkoholische Note | keine Bittere |
| Karamellnoten | karamellige malzige Süße, dunkle Beerenfrüchte | sehr runder Geschmackseindruck |

**Prost!**

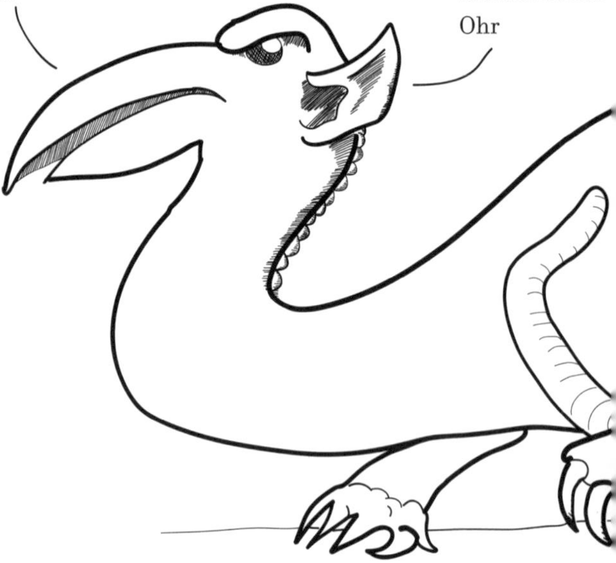


# Der BASILISK

Der Basilisk ist das böseste Tier der Welt. Er ist als Steinskulptur an der Steinernen Brücke angebracht und sorgt dafür, dass böse Geister, die der Brücke etwas antun möchten, von ihrem Unterfangen abgehalten werden.
Wenn man bedenkt, wie lange die Brücke schon durchgehalten hat, muss man wohl davon ausgehen, dass er mit einigem Erfolg arbeitet. Der Basilisk wurde in mittelalterlichen Tierbüchern (!) als Mischwesen mit dem Oberkörper eines Hahns und dem Unterleib einer Schlange dargestellt.

**Rekonstruktion des Basilisken an der Steinernen Brücke in Regensburg nach alten und neuen Fotografien und einem Stich von Resch**

**So finden Sie den Basilisken: Gehen Sie auf die Jahninsel (in der Mitte der Steinernen Brücke), auf der Ostseite der Steinernen, sehen Sie auf dem linken Pfeiler in einiger Höhe den Basilisken.**

## Entstehung eines Basilisken

Ein Basilisk entsteht der Sage nach aus einem dotterlosen Hahnenei, das von einer Kröte auf einem Misthaufen ausgebrütet wird. Er ist so böse, dass sein Atem Bäume und Sträucher verenden lässt. Dieser Hauch kann unter Umständen auch dem Menschen gefährlich werden. Der Blick des Basilisken jedoch versteinert oder tötet einen Menschen. Sein einziger ebenbürtiger Gegner ist das Wiesel, ein eidechsenartiges Wesen. Auch das ist – heute stark verwittert – an der Steinernen Brücke am Nachbarpfeiler abgebildet, um das gefährlichste Tier der Welt in Schach zu halten.

### Verschiedene andere furchterregende Körperteile sind möglich

- zwei oder mehrere Vogelbeine
- Hahnenkopf
- Schlangenkopf
- Flügel
- Federn
- Geweih
- Schuppen
- ein Menschenkopf

# Beliebteste Buben-Namen

| Rang | 2000 | 2005 | 2010 |
|---|---|---|---|
| 1 | Maximilian | Maximilian | David |
| 2 | Daniel, David | Paul | Maximilian, Simon |
| 3 | Florian, Lukas | Moritz, Nico | Alexander, Jakob, Johannes, Julian, Philipp |
| 4 | Paul, Simon | David, Leon, Lukas | Jonas, Luca, Samuel |
| 5 | Alexander, Michael, Moritz | Florian | Leon, Leopold, Lukas, Moritz, Paul |
| 6 | Kevin, Matthias, Nico, Tobias, Valentin | Julian, Konstantin | Dominik |
| 7 | Andreas, Jonas, Marco | Fabian, Jakob, Vincent | Luis |
| 8 | Jakob, Philipp | Daniel, Kevin, Luis | Elias, Felix, Hannes, Lucas, Max, Michael, Sebastian |
| 9 | Anton, Christoph, Dennis, Dominik, Elias, Johannes, Niklas, Patrick, Stefan, Thomas | Elias, Felix, Jan, Tim | Bastian, Linus, Nico, Valentin |
| 10 | Christian, Fabian, Jan, Leon, Max, Tim | Andreas, Benjamin, Michael, Niklas, Timo, Tobias, | Andreas, Anton, Ben, Daniel, Ferdinand, Florian, Gabriel, Jonathan, Leo, Leonard, Ludwig, Marcel, Quirin, Raphael, Tim, Tobias, Vincent |

# Beliebteste Mädchen-Namen

| Rang | 2000 | 2005 | 2010 |
|---|---|---|---|
| 1 | Julia | Laura, Sarah | Anna |
| 2 | Anna | Anna | Sophia |
| 3 | Lisa | Julia, Lena | Sarah |
| 4 | Hannah, Lena | Emma, Lisa, Paula, Sophie | Alina, Emilia, Laura, Paula |
| 5 | Katharina, Laura | Hannah, Magdalena | Julia |
| 6 | Nicole, Sarah | Antonia, Emily, Hanna, Johanna, Leonie | Emma, Lara Lena, Marlene |
| 7 | Johanna, Sophie | Alina, Annika, Charlotte, Christina, Elisabeth, Lea, Lucia | Isabella, Lea |
| 8 | Alina, Annika, Clara, Emily, Leonie, Maria, Sabrina, Sara, Sophia, Veronika | Amelie, Angelina, Clara, Elena, Eva, Evelyn, Jessica, Katharina, Louisa, Marie, Mia, Nicole | Helena, Katharina, Leonie, Luisa, Marie |
| 9 | Amelie, Angelina, Celine, Emma, Helena, Klara, Lea, Lucia, Nina, Sandra, Stefanie, Vanessa | (Auf Rang neun und zehn fielen in diesem Jahr zu viele unterschiedliche Namen, sie hätten hier nicht hingepasst!) | Angelina, Elisabeth, Hannah, Johanna, Lisa, Lorena, Magdalena |
| 10 | (zu viele unterschiedliche Namen!) | | Amelie, Clara, Ella, Emily, Greta, Louisa, Maria, Ronja, Sara |

# Bierdaumen

Der Sage nach war in der Brauerei St. Mang, Stadtamhof, eine Wirtin, die beim Biereinschenken ihren Daumen ins Biermaß (eine Vorrichtung, mit der man die korrekte Biermenge abmessen musste) hielt und dadurch ihre Gäste betrog. Als sie gestorben war, ging sie längere Zeit als Geist um und rief »Hundert Daam is aa a Maß!«. Jemand fasste sich ein Herz und fragte die arme Seele, was denn zu tun sei, um sie zu erlösen. Es sollte eine Summe Geld an die Armen gespendet werden, damit wäre sie erlöst.

# Bier

Folgende Stichwörter behandeln in diesem Buch das wichtige Thema Bier:
Professionelle
→ Bierprobe,
→ Biermischgetränke

# Bier-Maßeinheiten

Folgende sind in diesem Buch beschrieben:
→ Maß
→ Halbe
→ Rentner-Halbe
→ Preißn-Halbe
→ Spruz
→ Noagal

# Bach a.D. Donau

Was für Wien der Heurige, ist für Regensburg das Dorf Bach mit dem Nachbardorf Kruckenberg. Bach ist berühmt für sein Baierweinmuseum, das Schmucksteinbergwerk und (jetzt kommt's!) vor allem seine Weinlokale: Auch heute wird noch Wein und Federweißer aus eigener Herstellung in gemütlichen Weinlokalen ausgeschenkt.

# Barfuß-Gänger

Der Barfuß-Gänger hieß in Wirklichkeit Herbert Obauer (*18.5.1929, †2.7.2015) war eine Regensburger Persönlichkeit und ungefähr bis zur Jahrtausendwende sommers wie winters barfuß in Regensburg und Umgebung unterwegs.

# EINIGE Regensburger Bands DER LETZTEN FÜNF JAHRZEHNTE

2 Tage ohne Schnupftabak
A Hundred Times Beloved
Astrayed Creation
Baby You Know
Balou
Bang-A-Rang
Beige GT
Between
Buzzard
Cannon Hill
CC7 + Atombusen Singers
Chambergrass
Chief Joseph
Chocolate Pleasure
Christine Högl
Clochard
Controller Boy
Crample
Delir Noir
Der Postmann und der Mann ohne Hund
Die Geiers
Die Verbrechers
Dirschl und Starzinger
Disco Trash Music
dr.norton
Erhard Bablock
Evenstorm
Finca
Folkswagen
Freudenpark
Gebr. Teichmann
Gereon Piller
Gesandtenverein
Grand Underground
Green Frog Feet
Herztechnik
Homosapienz
Honkong Tits
Interference.here.de
Jenny Lund
Jive
Juliana Rosa & The Dirty Bells
Just Like That
Kepler's Verhängnis
Knusperblaschke
Kupfer S.
La Par Force
Luis Trinkers Höhenrausch
Lydias Zimmer
Mannamachine
Mason Dixon Line
Mass
Missent to Denmark
Mystic Eyes
Nash 'n' Zoddat
Negerländer
ONYX
Orgon
Peppermint Sue
Pinokkiyo Pistolero
Polecat
Porcelina
Prasuhn und Nieberle
quzz
Rabo Swing Machine
Reinhold Wittke
Richard Wiedamann
Rostmond Orchestra
Sacco & Mancetti
Schinderhannes
Selfish
Sharkmoon
Silverspoon
Sold Out Souls
Spätfolgen
Spruce
Stargazer
Starterkid
Sunrise Sunday
Suzie Rock
Tana Nile
Tango Pervers
The European Translation Of
The Hoo Do U Lovers
Toast
Tollwut
Torres
Totalschaden
Toys in the Attic
Tri Anger
Ultra Orange
Uncle Sally
Vieling
Wet Paint
Wide Scope
Willie Salomon
Zarate
Zurück Zur Utopie

# Bierpantschen

Nach Mord und Brandstiftung laut Volksmund das **drittschlimmste Verbrechen**. Pantschen ist, wenn man Wasser ins Bier mischt oder andere Zutaten verwendet, als das Reinheitsgebot erlaubt. Bierpantscher müssen nach ihrem Tod als Geister in der Höhenburg Stockenfels bei Nittenau ihr Dasein fristen. Diese Strafanstalt wird auch »Bierpantscher-Walhalla« genannt. Die Seelen solcher Missetäter werden nach dem Tod in schwarze Vögel oder Eulen verwandelt und von eigens bestimmten Personen, gewöhnlich sind es Feilenhauer oder auch Jäger, in Säcken an diesen Verbannungsort getragen. Hier müssen sie zur Buße aus dem tiefen Schlossbrunnen Wasser in der hohlen Hand emporfördern, so lange, bis sie so viel geschöpft haben, wie sie im Leben Bier verdünnt hatten. Denjenigen, die recht schlechten Stoff zusammengebraut haben, wird von teuflischen Gestalten unter boshafter Schadenfreude ihr eigenes garstiges Gebräu eingetrichtert. Einsitzen musste auch die Wirtin aus St. Mang (→ Bierdaumen). Die Brauer, welche die Apothekerkunst ausübten, um ihrem zu mager geratenen Stoff wieder auf die Beine zu helfen, wurden (und werden?)in Stockenfels entsprechend bestraft!

# Biermischgetränk

Folgende Biermischgetränke sind in Regensburg gebräuchlich. Sie sollten am besten immer selbst hergestellt werden und nicht fertig gemischt gekauft werden. Zur Misch-Reihenfolge gibt es zwei gegensätzliche Theorien, die das ganze natürlich verwirrend machen:

## Einschenk-Reihenfolge

| *Reihenfolge* | *Vorteil* |
|---|---|
| **Erst antialkoholisches Getränk, dann das Bier** | Lässt sich schneller einschenken, weil es weniger schäumt. Vor allem für die Gastronomie von Vorteil. Nachteil: das Bier schwimmt obenauf. |
| **Erst das Bier, dann das antialkoholische Getränk** | Es vermischt sich besser. Für alle Anderen die bessere Variante! |

**Bananenweizen**: ¾ Weizen und ¼ Bananensaft im Weizenstutzen.

**Colaweizen**: Ein Weißbierglas halb mit Cola dann halb mit Weißbier füllen.

**Laternen-Maß**: Ein halber Liter Helles (geht auch mit Weißwein), ein halber Liter Zitronenlimo. Ein Stamperl Kirschlikör vorsichtig darin versenken, so dass der Kirschlikör im Stamperl bleibt und sich auf den Maßkrugboden absetzt.

**Goaßmaß**: Je ein halber Liter Dunkles und Cola in einen Maßkrug, dann 4 cl Kirschlikör auf den Schaum gießen. Eine »Scharfe Goaßmaß« ist stattdessen mit 4 cl Asbach.

**Radler**: Je ein Viertelliter vom hellen Bier und der weißen Limonade.

**Saueres Radler**: Helles Bier mit Mineralwasser (trinkt der Regensburger nicht so gern).

**Russ**: Halb Weizen, halb Zitronenlimo im Weizenglas.

**Bratwurst:**
→ Wurstkuchl

# Buenos Aires

Ulrich Schmidl, Landsknecht, Soldat und Weltenbummler (* 1510 in Straubing; † 1580/1581 in Regensburg), hat 1535 Buenos Aires mitbegründet. Zu seiner Erinnerung gibt es dort eine Ulrich-Schmidl-Schule und ein Denkmal. Er lebte von 1563 bis zu seinem Tod in Regensburg im Haus der Engel-Apotheke am Neupfarrplatz.

# BRANDLBERG

ist ein kleiner Ort westlich von Keilberg in der Nähe der Bahnlinie nach Hof. Der Name Brandlberg hängt mit dem bairischen Wort »brandeln« für »nach Feuer riechen« zusammen. Demzufolge ist das Siedlungsland durch Abbrennen von Buschwerk entstanden.

# Das BOCK-BIER

wird auch Starkbier genannt und ist ein ober- oder untergäriges Bier mit viel Alkohol, dessen Stammwürzegehalt über 16 Grad liegt.

## Regensburger Böcke:

| *Name* | *Anstich-Termin* |
|---|---|
| **Adlersberger »Palmator«** | am Palmsonntag, also am Sonntag vor Ostern |
| **Kneitinger Bock** | Erster Donnerstag im Oktober |
| **Spital Heller Bock** | am 1. Mai |

Den Kneitinger Bock sticht traditionell der Oberbürgermeister im → Kneitinger-Mutterhaus an. Es folgen traditionell die Worte *»Ozapft is! – Guad is a, süffig is a und ned so siaß wie vorigs Jahr!«* Es ist angezapft! – Gut ist er, süffig ist er und nicht so süß wie letztes Jahr!

→ Bierprobe

# Ludwig Bemelmans

(* 17. April 1898 in Meran; † 1. Oktober 1962 in New York City) war erfolgreicher Schriftsteller und Illustrator. Er lebte von 1904-1912 in Regensburg im Emslander-Haus am Arnulfsplatz, in dem sich auch die Brauerei und Brauereigaststätte seines Großvaters befand. Heute ist dort eine Pizzeria.

*»Großvater liebte die Stadt. Mein Vater liebte sie nicht. Er nannte sie die Kloake der Welt, benutzte aber einen derberen bayerischen Ausdruck, der in Regensburg als Ausdruck rauher Zuneigung unter Freunden gang und gäbe ist.«*

**(wahrscheinlich »Scheißhaus« Anm. d. Autors)**

Ludwig Bemelmans selbst über Regensburg:

*»Er hatte nicht so ganz unrecht, denn es war eine langweilige und klatschsüchtige kleine Provinzstadt. Um neun Uhr abends versank Regensburg in Schlaf, seine Umgebung bot nicht viel Abwechslung oder besondere Schönheit, und ich haßte es vor allem, weil ich in das Gymnasium gehen mußte und alle meine Lehrer zum Essen in das Restaurant von Großvaters Brauerei kamen.«*

Eine Idee, die Bemelmans im Kopf umging: Der schlechteste Schüler Regensburgs soll ein Jahr lang kostenlos in der Wurstkuchl essen dürfen. Er liebte diese Würste und er hasste die Schule.

**(beide Zitate: Ludwig Bemelmans – »Die blaue Donau«)**

# Bruckmandl

In der Sage sitzt das Bruckmandl auf der → Steinernen Brücke und überprüft den Fortschritt des Dombaus. Wo schaut es denn wirklich hin? Das Bruckmandl ist überaus geheimnisvoll und es gibt viele widersprüchliche Theorien. Eine davon: Es handelt sich um eine Kopie einer Reklamefigur eines Kleinstäuberladens. In einem solchen Laden konnte man sich mit einem Püsterichs eine »Kleinstäubung« machen lassen.

## Abbildung eines Püsterichs:

Eine *»57 Zentimeter hoche, innen hohle Bronzefigur in der Gestalt eines plumpen Männchens mit wie zum Blasen gerundeten Wulstlippen, das nur mit einer Badehose und einer Badekappe bekleidet, [...] kniet.[...] Man füllte ihn mit Wasser und machte ihm buchstäblich unter dem Hintern ein Feuer an, worauf der Püsterich, [...] nach einiger Zeid dem Dampf durch die gerundeten Wulstlippen im Bogen von oben herab ausspie.«*

**(»Das Rätsel des Regensburger Brückenmänndels« von Franz J. Beranek. Auch die folgenden Zitate)**

Diese ›Kleinstäubung‹, die auf den Oberkörper angewendet wurde, war eine beliebte Erfrischung, mit der sich ein eigener Berufszweig, der des ›Kleinstäubers‹, beschäftigte. Die angewendeten Püsteriche waren im Mittelalter »Wunderwerke«, »Mirabilia mundi«. Das Lebendigwerden, sobald das Feuer brannte, war den Leuten quasi unerklärlich.

## Schauder! – Mir ist vielleicht heiß!

Wegen Zerstörung durch Unwetter und Verwitterung gab es über die Zeit mehrere Anfertigungen vom Bruckmandl. Die jetzige besitzt nicht mehr die ursprüngliche geheimnisvolle Aufschrift: »Schuck wie haiß«, die am Sockel der vorherigen Version stand.

Das ist eine im Mittelalter in Regensburg gebräuchliche Veralberung des Ausspruchs »Schuck, wie kalt!«. Auf heutiges Deutsch übersetzt: »Schauder, wie kalt ist mir«, was ja auf Anhieb mehr Sinn ergibt! Dieser damals im Alltag gebräuchliche Spruch geht auf eine jüdische Erzählung zurück, die auch im christlichen Teil der Bevölkerung bekannt gewesen sein muss. Bei dieser Erzählung fragt eine Mutter ihren Rabbi, was sie denn tun könne, damit ihr stumm geborenes Kind sprechen würde. Nach einigem Hin und Her schlug der Rabbi vor, das Kind in die Isar zu werfen. Und siehe da, das Kind schrie, erschrocken von der plötzlichen Kälte des Wassers: »Schuck, schuck, schuck, wie kalt ist mir!« (Schuckern: von einem Kälteschauer überlaufen werden) Und das Kind konnte sprechen!

Dieser gebräuchliche Ausruf wurde mit der Regensburger Variante des Spruchs veralbert. Mündlich war wohl oft »Schuck wie hais, zu Regensburg seyn dy heut faist.« zu hören. Also:

*»Schauder, wie heiß ist mir! In Regensburg sind sogar die mageren Pferde feist.«* Es ist wohl gemeint, dass in Regensburg manches anders läuft.

Eine andere Theorie über den Ursprung des Bruckmandls sagt, es handle sich um einen »Südzeiger«, also eine Art Service, mit dem man ohne einen Kompass herausfinden kann, wo Süden liegt. Diese Theorie ist jedoch viel kürzer und weniger unterhaltsam!

# BUS-SPOTTING

In Regensburg gibt es eine aktive Szene von Leuten, die sich für Busse interessieren: www.regensburger-busse.de. Bus-Spotting ist eine Freizeitbeschäftigung, bei der man Busse beobachtet, notiert wann und wo sie fahren, fotografiert, welche Werbung auf welchem Bus gerade abgebildet ist und so weiter. Auf der Internetseite sind ungefähr 95% aller in Regensburg fahrenden Busse verzeichnet, das sind um die 400. Eine Beispielmeldung der Internetseite:

*»RVB: Wagen 288 erhält Mini-Trafficboards: KOM 288 hat Mini-TB erhalten für ›Die Perücke‹ – diese Werbung hatte der ehemalige KOM 265 bereits einmal erhalten.«*

# Buntestes Haus

Das sogenannte Rebl-Haus ist das bunteste Haus Regensburgs. Es wurde zur Berühmtheit, weil der Regensburger Gestaltungsbeirat (ein Teil der Stadtverwaltung) im Jahre 2009 versucht hat, den Hausbesitzer zu zwingen, die Außenseite seines Hauses **weniger farbig zu gestalten**. (ein → Hirschauer Stückl?) Der Hausbesitzer und Malermeister hatte den Künstler Carsten Kruse beauftragt, ein wildes Muster für die Fassade zu entwerfen. Im Herbst des Jahres kapitulierte der Gestaltungsbeirat: »Die Stadt setzt auf die Vernunft ihrer Bürgerinnen und Bürger und ist überzeugt, dass dieses Negativbeispiel nicht zu einem Nachahmungseffekt führen wird.“ Öl ins Feuer gossen selbstredend Karl-Heinz Mierswa und Hubert Lankes mit dem **buntesten Vogelhäuschen der Stadt**, das im Biergarten des Auerbräu hängt.

**So finden Sie das bunteste Haus: Gehen Sie stadtauswärts über die Protzenweiherbrücke bei Stadtamhof. Sie stoßen auf eine große Straßenkreuzung, an der das bunteste Haus steht.**

# Bratwurstkipferl

**nicht: »Bratwurstbrötchen«
oder »Bratwurstsemmel«**

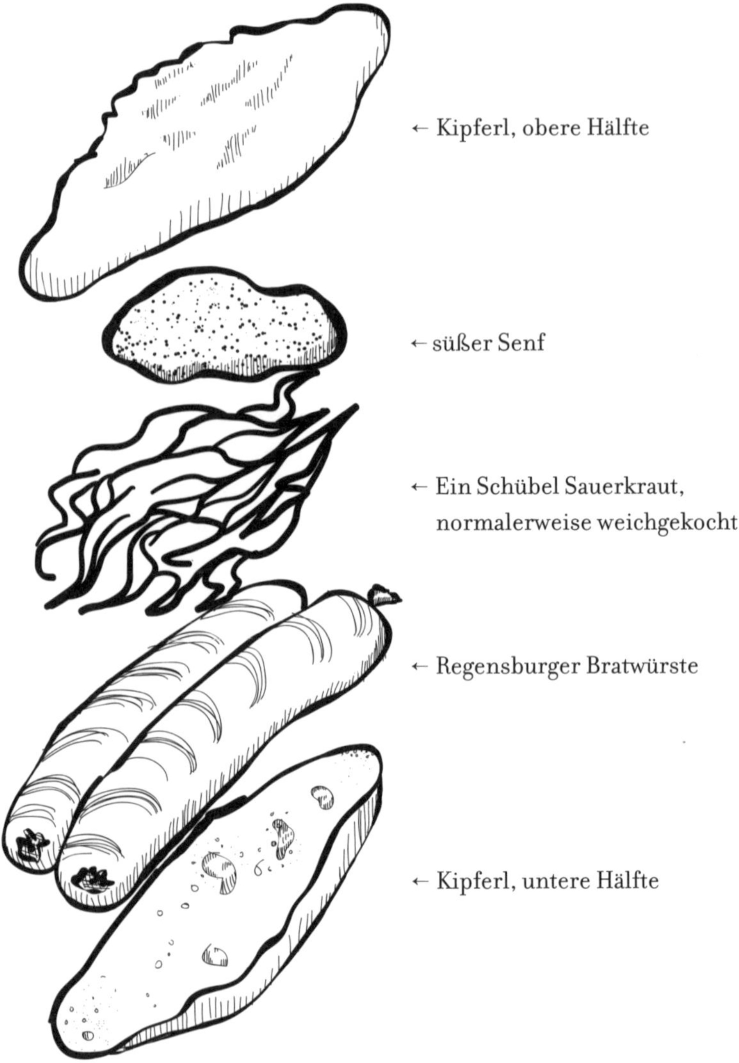

# Chopper

Ein durch nationale Boulevardmedien sehr bekanntes Gespenst, das 1981 fast ein Jahr in Neutraubling sein Unwesen treiben konnte, bevor es von einer Sonderkommission der Regensburger und Münchner Kriminalpolizei als Schwindel entzaubert wurde.

**Der Chopper war in eine Zahnarzthelferin verliebt und belästigte sie mit Anträgen, Scherzen, Obszönitäten aber auch wilden Beschimpfungen. Seine Stimme kam unter anderem aus dem Spuckbecken – sehen konnte man ihn nicht**. Die Patienten konnten diesen Spuk deutlich mithören, was auch den Werbeeffekt für den Zahnarzt ausmachen sollte. Parapsychologen vermuteten eine Verbindung zwischen der Zahnarztpraxis und dem Jenseits. Nach der Enttarnung stellte sich heraus, dass der Zahnarzt gemeinsam mit seiner Frau und der Zahnarzthelferin den Spuk veranstaltet und Spezialisten und Polizisten an der Nase herumgeführt hatte! Es gab eine Gerichtsverhandlung, bei der alle mit Geldstrafen belegt wurden.

Die Deutsche Bundespost hatte während dieser Angelegenheit die gesamte Telefonanlage ausgetauscht, um sicherzustellen, dass der Spuk nicht technischen Ursprungs war und stellte dafür eine Rechnung über 35.000 DM (ca. 17.900 EUR). Die Zahnarzthelferin lebt heute mit einer neuen Identität in Regensburg.

# Burgweinting/ Harting

ist der Stadtbezirk 18 im Süden von Regensburg. Berühmt an Burgweinting ist der private **Reptilien-Zoo**, gleich benachbart von katholischer Kirche und Etablissement Moulin Rouge. Auch die Zeugen Jehovas haben unweit eine Niederlassung.

# Cola

Wer im → Kneitinger am Arnulfsplatz Cola verlangt, outet sich als Unwissender. Es gibt dort traditionell **kein Cola.**

Die frühere Ächtung von **Pommes Frittes und Ketchup** hingegen wurde aufgehoben.

# Der Dom

Bei Nacht thront er wie ein Raumschiff aus »Krieg der Sterne« über Regensburg, angestrahlt von Scheinwerfern – unheimlich und schön. Gebaut wurde er 1273-1520 ohne die Turmspitzen, die erst 1869 von König Ludwig spendiert wurden. Er ist unbestritten das Zentrum von Regensburg. Viele Straßen führen in seine Richtung, unzählige Büchertitel ziert er.

## Zeitlich

| | |
|---|---|
| 1273 | Baubeginn |
| 1520 | Vorläufige Fertigstellung |
| 1859-1869 | Fertigstellung mit Turmspitzen |
| 1998-ca. 2005 | Sanierungsarbeiten an der Fassade – vorher war der Dom fast schwarz! |

## Abmessungen

| | |
|---|---|
| Länge (innen) | 86,00 m |
| Breite | 34,80 m |
| Höhe Mittelschiff | 32,00 m |
| Höhe der Türme | 105,00 m |

## Glocken

| **insgesamt: 8 Stück** | **Durchmesser in cm** | **Gewicht in kg** |
|---|---|---|
| Große Fürstin | 203 | 4800 |
| St. Michaelsglocke | 189 | 4500 |
| Kleine Fürstin | 180 | 3250 |
| Angelusglocke | 141 | 1550 |
| Agnus-Dei-Glocke | 126 | 1151 |
| Frauenglocke | 115 | 900 |
| Armeseelenglocke | 105 | 626 |
| Patrona Bavariæ | 72 | 238 |

Suchen Sie die Dome!

# ← Dialekt

Die Regensburger Stadtsprache ist überraschenderweise weitgehend mittelbairsch geprägt (wie in Nieder- und Oberbayern). Vor allem treten keine gestürzten Zwielaute auf, abgesehen von Ausnahmen wie »mäissi wäi a Grobf« »müßig (überflüssig) wie ein Kropf«

**(Ludwig Zehetner in seinem Werk »Basst scho!«)**

# Dampf-nudel-Uli

*»Die besten Dampfnudeln gibts beim Dampfnudel Uli«* (Alfons Schuhbeck). Uli Deutzer, seit 1975 in Sachen Dampfnudeln am Watmarkt 4 tätig, sagt selber über sich: »Am Grill soll man meine Grabplatte einlassen: hier stand einmal der berühmte Dampfnudel-Uli«. Zu Gast bei ihm waren schon: Joachim Fuchsberger, Hubert von Goisern, Dieter Hallervorden, Walter Röhrl, Max Schauzer, Alfons Schubeck, Edmund Stoiber, Truckstop (»haben sich vollgenudelt«). Sonntag bis Dienstag Ruhetag.

## *dàntschig:*

ein meist auf ein junges Mädchen bezogenes Kompliment, meint zierlich und gewandt, graziös, adrett, nett anmutig, charmant, putzig, liebenswürdig, knuddelig. Oft ein bisschen abfällig bei erwachsenen Frauen gebraucht. »Mords dantschig is' s daherkommen d' Wirtin.«

## einige **Dinge, die nach Regensburg benannt sind:**

Regensburger → Knacker
Regensburger → Gelbling
Regensburger → Zwergginster
Regensburger → Wurstsalat
→ Regensburger Variante

# Dechbetten

Gehört zum Stadtbezirk 14, Großprüfening-Dechbetten-Königswiesen. Der Name des früheren Vororts von Regensburg geht auf einen **Eremiten**, den ersten Bewohner Dechbettens zurück, der 863 n.Chr. dort sein Zuhause »dehtapeta« nannte, das heißt »fromme Bitte«. Er wohnte dort, wo heute die Kirche steht.

**Diredàre, Diri-Dàri, Diredàri, der**
=Geld,

*»Haben S' keinen Diri-Dari nicht?«*

# Der DRUIDENFÜRST

Er wurde auch → »Ratzi« oder »Der älteste Regensburger« genannt, der Druidenfürst, der 1992 während des Bürgerfests im Salzstadel ausgestellt wurde. Eine **Mumie**, die angeblich bei Erdarbeiten auf dem Beschlächt der → Steinernen Brücke gefunden wurde und so alt wie der steinzeitliche Ötzi sein sollte. Es stellte sich später heraus – nachdem **Tausende Regensburger den Druiden hinter Plexiglas in bläulichem Licht** bewundert hatten –, dass es sich um einen Scherz von Hubert → Lankes gehandelt hatte. Der Scherz war sehr gut geplant. Es gab ein »Ferngutachten« vom befreundeten Prof. Dr. Thomas Fischer, in dem er den Fund als sensationell bestätigte: *»Es handelt sich um eine gut erhaltene teilmumifizierte Leiche eines Mannes mit reichen Beigaben, die alles bisher Bekannte aus dem geschichtsträchtigen Boden bei Regensburg bei weitem übertrifft«* – Und das, ohne einen Blick auf das **verkleidete Theaterskelett** geworfen zu haben! Warum man Lankes den Fund zutraute – er behauptete, er habe den Druiden beim Graben eines Lochs für einen Fahnenmasten gefunden – konnte er sich selber auch nicht erklären.

Die Präsentation der Mumie war für Lankes jedenfalls ein großer Spaß. Freunde zogen sich einen weißen Arztkittel an und bekamen ein Namensschild, z.B. **»Takis Paparcheologus – Universität Athen«** angehängt. Schon konnten sie sich hinter dem ausgestellten präparierten Theaterskelett und vor dem staunenden Publikum als Fachmann verdingen. Für diese falschen Archäologen stand hinter dem ausgestellten Druidenfürst ein Kasten → Kneitinger zur Selbstbedienung bereit.

Warnschild bei der Ausstellung im Salzstadel

**Abbildung des Kopfes des Druidenfürsts – Ausgestellt war natürlich der ganze Körper des Druiden.**

Postkarten mit dem ältesten Regensburger fanden reißenden Absatz, vor allem die mit »limitiertem Sonderstempel«. Lankes:

*»Wir haben gestempelt wie verrückt! Wir sind gar nicht mehr nachgekommen… Da hat uns jemand gefragt, ›Wie lang gibt's denn noch welche mit Sonderstempel?‹ Da haben wir gesagt, ›Bis's weg sind!‹«*

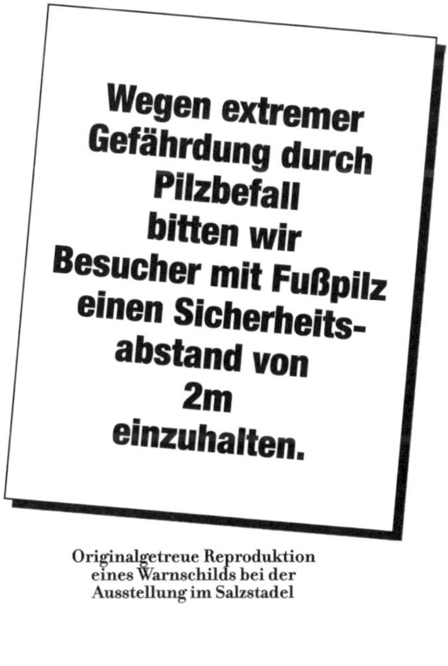


**Originalgetreue Reproduktion eines Warnschilds bei der Ausstellung im Salzstadel**

# Donau, nördlichster Punkt

Der nördlichste Punkt vom gesamten Verlauf der Donau befindet sich bei Winzer. Die Stelle ist markiert mit einer großen Steinskulptur des Hl. Nikolaus von Myra, Patron der Schiffer.

# DEZ

Das Donaueinkaufszentrum wurde 1967 eröffnet und soll damals das erste Einkaufs-zentrum Europas gewesen sein!

**(Regensburg Almanach 1999)**

# Pete Doherty

Der britische Popmusiker weilte im Februar 2011 für Dreharbeiten zu dem Film »Bekenntnisse eines jungen Zeitgenossen« (nach einem Buch von Alfred Mussets, Regie: Sylvie Verheyde) in Regensburg. In der Nacht zum Faschingsdienstag, nach einer Kneipentour durch Regensburg, war er dann bei einem Einbruch in den Plattenladen Shadillac beteiligt, bei dem eine **schwarze Akustikgitarre** im Wert von 250 Euro und eine Platte gestohlen wurde. Bei der Schallplatte handelte es sich um einen **»Ennio Morricone Soundtrack – Best Western «**. Die Gitarre wurde stark beschädigt in der Nähe der Ulrichskirche gefunden, die Plattenhülle auf dem Domplatz – nur die Schallplatte bleibt verschollen!

# (Donau)markt

Samstag Vormittag geht man auf den Donaumarkt und kauft Lebensmittel aus der Region. Obst und Gemüse, Käse, Wurst, Brot und Eier. Der größte und schönste Wochenmarkt Regensburgs ist nach seinem früheren Standort benannt und findet nun am Kornmarkt statt. Die **Bebauung des Donaumarkts** war eine nicht enden wollende Geschichte, bei der sich Bevölkerung und Stadtspitze schon einige Male in die Haare gekriegt haben. → Hirschauer Stückl.

# DULT, DIE

Das Wort kommt vom althochdeutschen Wort **»tuld«** für Fest, Feier, Jahrmarkt und ist verwandt mit griechisch »dulths«. Seit dem Mittelalter gab es in Regensburg Dulten, also Jahrmärkte, auf denen Waren aus aller Welt verkauft wurden. Die Vorläufer der heutigen Dulten sind die in Stadtamhof, die dort seit 1389 stattfinden. Auch im Stadtkern wurden sie veranstaltet, jedoch 1875 gegen den Willen der Bürger abgeschafft. Heute findet die Dult zweimal im Jahr statt, nämlich im Mai (Maidult) und im Herbst (Herbstdult). Der eine Teil der Dult ist die Warendult, die immer noch eine Verbindung zu den früheren Jahrmärkten darstellt. Hier werden verschiedene nützliche und unnütze Sachen angeboten wie **Socken, Tees, Gundel-Putz, Instant-Suppen, Hosenträger, Bachelor-Knöpfe, Räucherstäbchen, Militärwaren, Nagelfeilen, Töpfe, Namens-Tassen, Gummi-Spinnen, ...** Der andere Teil ist das klassische Volksfest mit seinen Fahrgeschäften, Essensständen und natürlich Bierzelten. → Dult-Bierpreis.

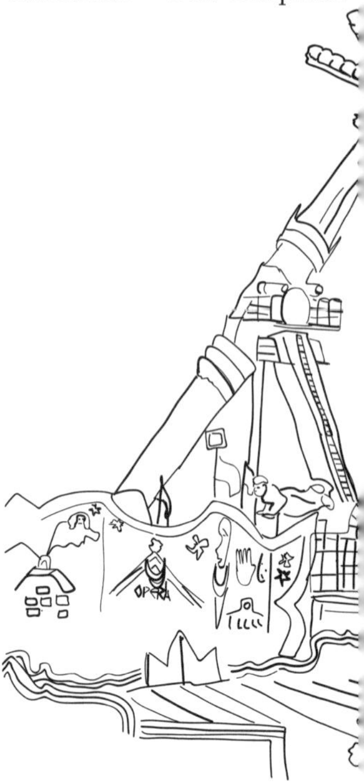

MAGIC HOUSE
ACTION PUR!

# Dult-Bierpreis

Der Dult-Bierpreis liegt bei ungefähr **76% des Bierpreises vom Münchner Oktoberfest**. Dult-Bierpreise im Jahresvergleich:

| | |
|---|---|
| 1970 | 2,70 DM |
| 1971 | 2,70 DM |
| 1972 | 3,00 DM |
| 1973 | 3,00 DM |
| 1974 | 3,30 DM |
| 1975 | 3,30 DM |
| 1976 | 3,40 DM |
| 1979 | 3,60 DM |
| 1981 | 3,95 DM |
| 1982 | 4,30 DM |
| 1983 | 4,60 DM |
| 1984 | 4,70 DM |
| 1985 | 4,90 DM |
| 1993 | 7,90 DM |
| 1994 | 7,90 DM |
| 1995 | 7,90 DM |
| 1996 | 8,40 DM |
| 1997 | 8,70 DM |
| 1998 | 9,40 DM |
| 1999 | 9,40 DM |
| 2000 | 9,40 DM |
| 2001 | 10,30 DM |
| 2002 | 5,20 € |
| 2003 | 5,45 € |
| 2004 | 5,80 € |
| 2005 | 5,80 € |
| 2006 | 5,80 € |
| 2007 | 6,40 € |
| 2008 | 6,40 € |
| 2009 | 6,80 € |
| 2010 | 6,80 € |

*1986-1992 fehlt leider die Aufzeichnung*

# Einwohnerzahl 148.282

**(Statistisches Jahrbuch 2010)**

Viertgrößte Stadt in Bayern nach München, Nürnberg und Augsburg.

## Duncan, Willie

ist ein Regensburger Mitglied der Münchner Band Spider Murphy Gang und nach Angaben des Spider Sängers Günther Sigl einziger bairisch singender Schotte weltweit.

# Eddy der Fotograf

Unikum und Phantom, tauchte auf fast allen Konzerten auf, machte meist mit einer Plastik-Kompaktkamera Fotos für Stadtmagazine und Tageszeitungen.

# Entdeckungen und Erfindungen

## von Regensburgern, seltsame:

| | | |
|---|---|---|
| **Vilsmeier-Haack-Reaktion** (Chemie) | Anton Vilsmeier (* 12. Juni 1894 in Burgweinting) | Formylierung aktivierter Aromaten mit N-substituierten Formamiden und Phosphoroxychlorid ($POCl_3$) |
| **Oberst-Methode**, (Leitungsanästhesie Medizin) | Maximilian Oberst (* 6. Oktober 1849 in Regensburg) | Kleinste Form der Leitungsanästhesie mit Umspritzen der vier Nerven an der Finger- oder Zehenwurzel. |
| **Göffel** (Besteck) | Christian Schnabel (* 13. Mai 1878 in Regensburg) | Eine Mischung aus Gabel und Löffel. |

# Ehrenbürger Regensburgs

| | |
|---|---|
| 1820 | **Johann Eustach Graf von Schlitz genannt von Görtz**, Gesandter Brandenburgs beim Reichstag |
| 1831 | **Arnold Ritter von Link**, Generalkommissär |
| 1838 | **Eduard von Schenk**, Staatsminister des Innern Bayerns |
| 1842 | **Leo von Klenze**, Architekt |
| 1842 | **Josef Nadler**, Regierungsbaurat |
| 1845 | **Kardinal Melchior von Diepenbrock**, Fürstbischof von Breslau |
| 1847 | **Friedrich Freiherr von Zu Rhein**, Regierungspräsident |
| 1856 | **Carl Freiherr von Künsberg-Langenstadt, Regierungspräsident** |
| 1869 | **Franz Josef Denzinger**, Dombaumeister |
| 1871 | **Dr. Gottlieb August Herrich-Schäffer**, Arzt |
| 1871 | **Johann Nepomuk Hemauer**, Kanoniker zu St. Johann |
| 1872 | **Carl Woldemar Neumann**, Entdecker des Keplerhauses |
| 1876 | **Karl Friedrich Heinrich Hermann**, prot. Kirchenrat |
| 1877 | **Dr. Karl Theodor Gustav Julius Krafft**, prot. Pfarrer |
| 1881 | **Karl Wilhelm Heinrich Brenner**, Regierungspräsident |
| 1883 | **Max von Pracher**, Regierungspräsident |
| 1886 | **Oskar Ritter von Stobäus**, Bürgermeister von Regensburg |
| 1888 | **Friedrich Sauer**, Fürstlich Thurn und Taxis'scher Baurat |
| 1890 | **Benignus von Safferling**, General und Kriegsminister |
| 1894 | **Friedrich von Ziegler**, Regierungspräsident und Staatsrat |
| 1895 | **Fürst Otto von Bismarck**, Reichskanzler |
| 1907 | **Dr. Friedrich Ritter von Brettreich**, Regierungspräsident und Staatsminister des Innern |

| | |
|---|---|
| 1917 | **Paul von Hindenburg**, Reichspräsident und Generalfeldmarschall |
| 1923 | **Antonius Ritter von Henle**, Bischof von Regensburg |
| 1926 | **Dr. Heinrich Held**, Bayerischer Ministerpräsident |
| 1929 | **Dr. Hermann Geib**, Bürgermeister in Regensburg |
| 1950 | **Dr. Michael Buchberger**, Erzbischof, Bischof von Regensburg |
| 1950 | **Fürst Albert I. von Thurn und Taxis und Fürstin Margarete von Thurn und Taxis** |
| 1959 | **Hans Herrmann**, Oberbürgermeister von Regensburg |
| 1962 | **Otto Meyer**, Generaldirektor der Maschinenfabrik Augsburg-Nürnberg AG |
| 1963 | **Dr. Theobald Schrems**, Professor, Domkapellmeister |
| 1963 | **Franz Joseph von Thurn und Taxis** |
| 1966 | **Dr. F. Julius Neumüller**, Professor |
| 1966 | **Eduard Mühlbauer**, Professor, Vorstandsmitglied der Siemens & Halske AG |
| 1975 | **Dr. h. c. Alfons Goppel**, Bayerischer Ministerpräsident |
| 1978 | **Rudolf Schlichtinger**, Altoberbürgermeister |
| 1978 | **Karl August Prinz von Thurn und Taxis** |
| 1980 | **Dr. Walter Boll**, Stadtdirektor a.D. |
| 1985 | **Dr. h. c. Franz-Josef → Strauß**, Bayerischer Ministerpräsident |
| 2006 | **Joseph Ratzinger**, Papst Benedikt XVI., Oberhaupt der römisch-katholischen Kirche, Honorarprofessor an der Universität Regensburg |

**2011 äußerte sich der Stadtrat zur Ehrenbürgerschaft von Adolf Hitler und Gauleiter Adolf Wagner (beide seit 1933 bzw. 1938 Ehrenbürger) folgendermaßen: »Der Stadtrat distanziert sich von der damaligen Fehlentscheidung und verurteilt sie aufs Schärfste [die Erteilung der Ehrenbürgerschaft] Die bisherige seit Jahrzehnten geübte Verwaltungspraxis der Stadt Regensburg, die offenbar auf einer früheren, internen Verwaltungsentscheidung beruht, Adolf Hitler aus der Liste der Ehrenbürger zu entfernen und nirgends zu führen, wird durch den Stadtrat der Stadt Regensburg ausdrücklich begrüßt und bestätigt. Analoges gilt für den NSDAP-Gauleiter Adolf Wagner.«**

# Elefanten

## Der erste Elefant

Der erste Elefant Regensburgs war im Gasthaus zum Schwarzen Elefanten zu Gast. Dieses Gebäude ist unter der heutigen Adresse Am Widfang 1 vom Fischmarkt Richtung Donau / Salzstadel zu besichtigen, heute ein Getränkemarkt

Im Juli 1629 wurde ein junger erst 10jähriger, sehr großer und kräftiger Elefant in Regensburg hergezeigt. **Es war der erste, der jemals da war!** Er stand im Torbogen des Hauses am Wiedfang 1, wo heute ein Getränkemarkt ist. Damals gab er dem dortigen Wirtshaus den Namen »Gasthaus zum Schwarzen Elefanten«.

## Elefant am Dom

So finden Sie den kleinen Elefanten am Dom: Vor der Dombauhütte stehend, Richtung Dom blickend suchen Sie den Wasserspeier, der einen Schafbock darstellt, in einiger Höhe an der linken Seite des Doms. Darunter ist der kleine Elefant. Besser erkennbar ist er, wenn man ein Fernglas oder Teleobjektiv zur Hilfe nimmt.

Warum der Elefant an der Fassade vom Dom abgebildet ist, weiß niemand so genau … Sehr wenige Leute dürften zur damaligen Zeit in dieser Gegend schon mal einem Elefanten persönlich gegenübergestanden haben. Vielleicht hat dem Dombaumeister ein weit Gereister von diesem Tier erzählt. Vielleicht begegnete er einem Elefanten auf einer Pilgerreise? Jedenfalls stützt der kleine Elefant am Dom einen der vielen Wasserspeier nämlich den **Schafbock**.

# Elefant und Prominenz

War es Zufall oder war es Fügung? Jedenfalls sollte es passieren, dass Anfang des 21. Jahrhunderts zwei Prominente Regensburgs sich auf den Rücken eines Elefanten geschwungen haben: am 22. Dezember 2003 setzte sich der **Bischof** Gerhard Ludwig Müller auf die größte indische Elefantenkuh Europas und ritt durch die Manege des Circus Barelli. **Oberbürgermeister** Hans Schaidinger ritt am 20. Juli 2007 auf einem Elefanten des Circus Renz und fütterte am 24. Januar 2008 einen Elefanten vom Österreichischen National-Circus Louis Knie: Der **Oberbürgermeister** zeigte sich beeindruckt von Elefant Benjamins »Fähigkeit zur Behauptung«.

# Entengang

Eine Gasse in Regensburg. Der Name hängt nicht mit der Ente zusammen, sondern bedeutet »**der unheimliche Gang**«, »der Weg, den man sich furchtet zu gehen«. Das Wort »enterisch« bedeutet ungewöhnlich, nicht recht, unheimlich, nicht geheuer. Gemeint ist damit, dass sich in der Gegend der Friedhof und die Gruft unter der St. Michaelskapelle befanden, in der viele tausend Totenköpfe zu sehen waren.

**Der Entengang ist am östlichen Ende des Emmermamsplatzes.**

# Essen, typisches Regensburger

→ Bratwurst,
→ Senft,
→ Kipferl,
→ Knacker, aber auch Kartoffelsuppe,
→ Schweiners mit Knödeln darf nicht fehlen.

# Erhardihaupt

Eine Kopf-Reliquie des Hl. Erhard. Zum Erhardifest am 8. Januar findet bis heute in der Dompfarrkirche Niedermünster die Auflegung des Haupts des Hl. Erhards statt. **Das hilft gegen Kopfweh und Augenleiden.**

# erste Fuss-gänger-zone

Die erste Fußgängerzone Regensburgs war die Schwarze Bären Straße. Eine Geschichte über sie findet man unter → Tatze im Pflaster.

# Europa

## So finden Sie Regensburg auf der Karte

1. Donau suchen

2. Nördlichsten Punkt der Donau suchen!

3. fertig!

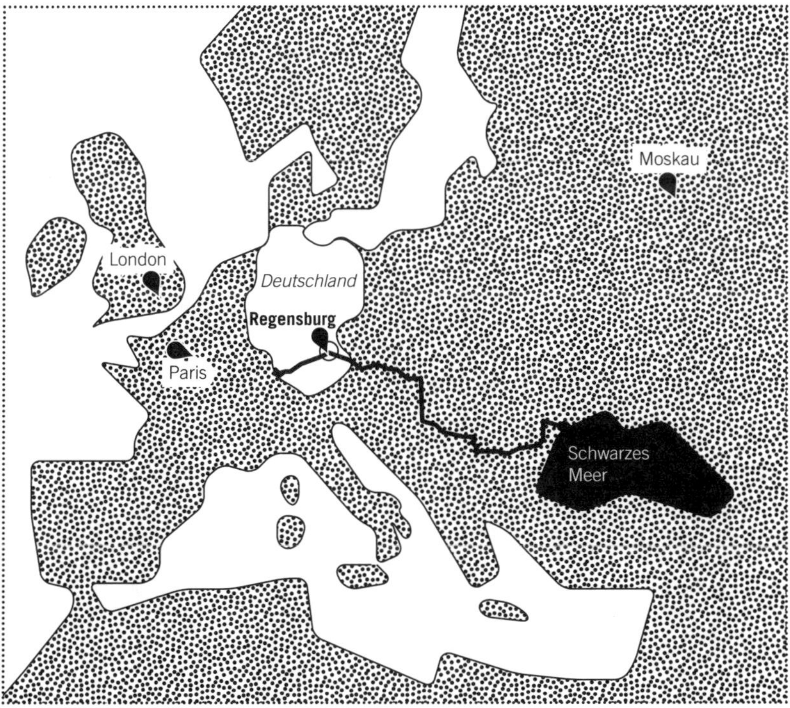

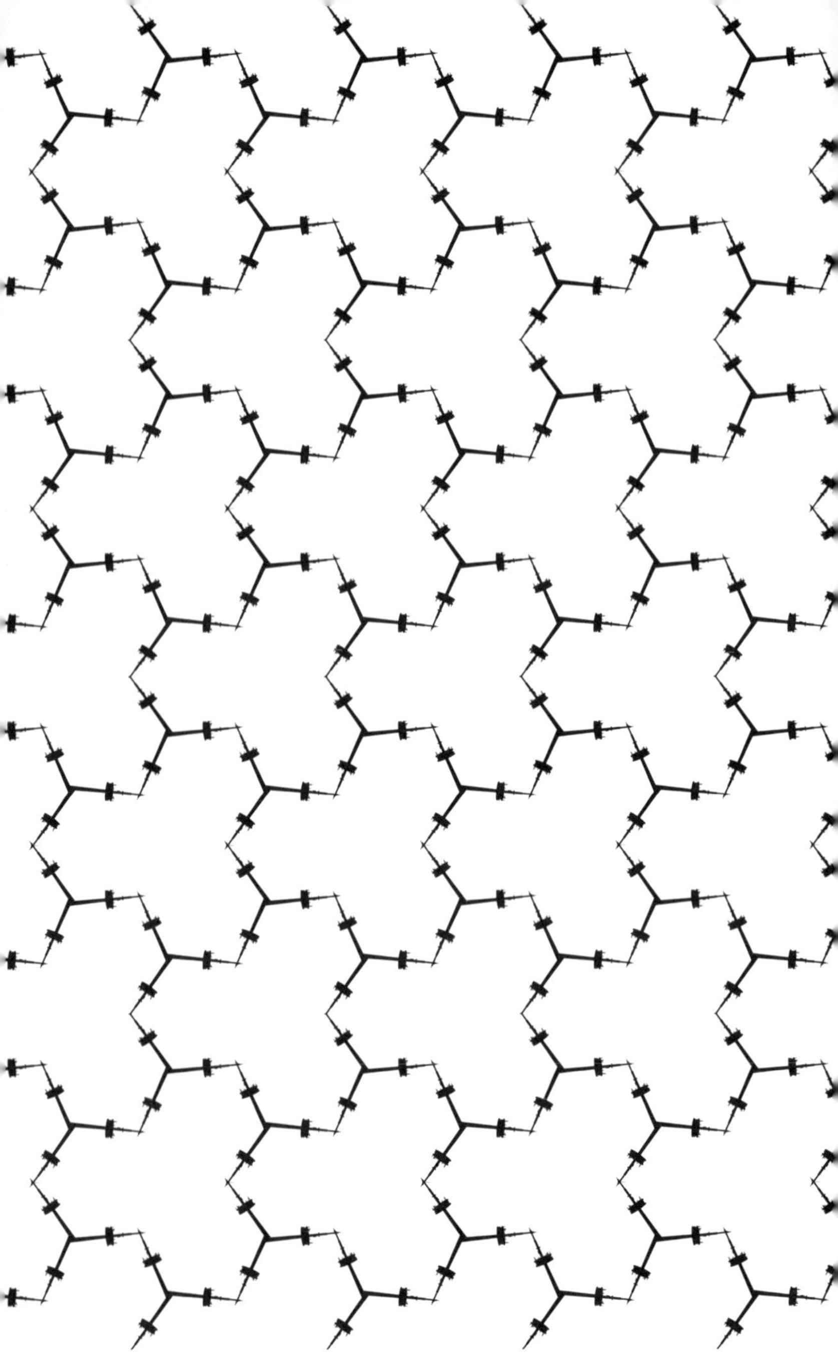

Das Fernsehturm-Muster – Finde den Fernsehturm!

# Der Fernseh-turm

Der Regensburger Fernsehturm steht im Stadtteil Ziegetsdorf, wurde 1976 gebaut und ist bei Drucklegung dieses Buches 140 m hoch. Man nahm ihm, nachdem keine analogen Fernsehsender mehr abgestrahlt wurden, im Dezember 2007 seine **weiß-rote Spitze.** Dadurch wurde er um 20 m gekürzt. (siehe Abbildung!)
Die Kanzel sollte ursprünglich auch als Aussichtsplattform begehbar sein, leider wurde dies aus Kostengründen nie verwirklicht.

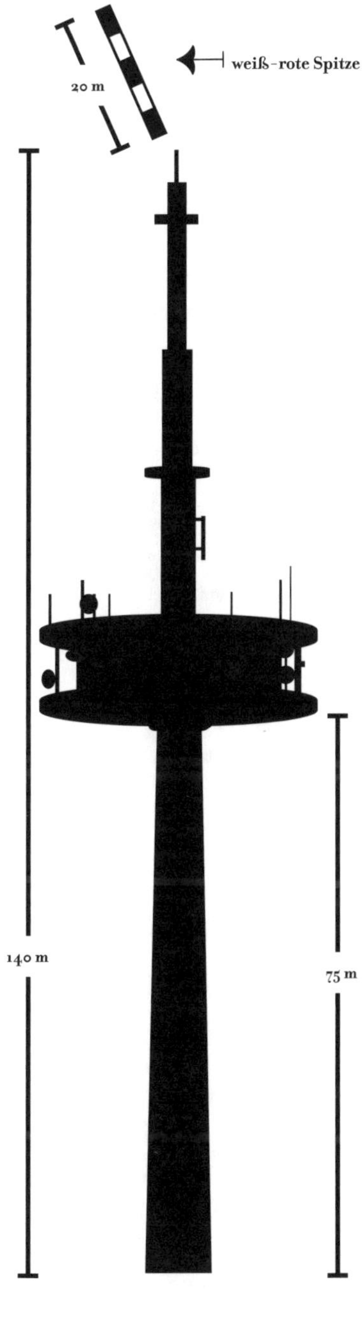

# FIRMENNAMEN, LUSTIGE

*Folgende Firmennamen lassen einen schmunzeln:*

FLIESEN-
HIRSCH

LEDERWAREN
UMSONST

WILD
GEFLÜGEL
FISCHE
MÄNNER

WEICH
WURM

GUMMI
SCHMAUS

FUSSBODEN-
MENSCH

# D' FÜRSTIN

»die Gloria«, »d'Fürstin«. Gloria Prinzessin von Thurn und Taxis, ausführlich: geborene **Mariae Gloria Ferdinanda Gerda Charlotte Teutonia Franziska Magarethe Frederike Simone Johanna Joachima Josefine Wilhelmine Huberta Gräfin von Schönburg-Glauchau**. Sie heiratete 1980 Fürst Johannes von Thurn und Taxis. Berühmtheit erlangte sie 1986 durch ihre Hochfrisur bei »Wetten dass«! Sie hat drei Kinder. Darunter Erbprinz Albert. Früher war sie eine schrille Erscheinung, dann trat sie als Geschäftsfrau auf, danach kam der christliche Glaube dazu, und heute schreibt sie Benimmbücher! → Anrede

# Faschingsprinzenrücktritt

Dem Faschingsprinzenpaar Oliver I. und Jasmin I. wurde im Jahre 2011 von ihrer Faschingsgesellschaft »Narragonia« verboten, in der Öffentlichkeit zu singen! Es macht den Anschein, dass die beiden trotz ihres fehlenden Talents sehr gern sangen, denn daraufhin trat das Paar zurück.

# Fischer, Ottfried

Der Kabarettist Ottfried Fischer war einmal auf einer Filmpremiere im Regina-Kino zu Gast. Während der Film lief, verließ er den Saal und wandte sich an die Kassendame mit der Frage, wo denn bitt'schön die **Toilette** des Kinos sei …

**(Falls Sie das Kino nicht kennen: der Zugang zu den Herrenklos ist ungefähr 40 cm breit.)**

# Forster, Robert

Sänger der international bekannten Alternative-Band »Go Betweens« und zeitweise Wahlregensburger.

# *fei* [fẽi]

Eine umgangssprachliche, in Regensburg sehr häufig gebrauchte, sogenannte »Abtönungspartikel« ohne direkte hochsprachliche Übersetzung. In etwa: *ja, doch, gewiss, nur, überhaupt*:

*»Paß fei ja auf!«*

*(Im Sprachwissenschaftlichen ist »die Partikel« tatsächlich feminin)*

# Fragstatt

**Im »Keller« des Alten Rathauses, direkt unter dem Reichstagssaal, ist die Fragstatt des mittelalterlichen Regensburgs. Es ist die einzige Folterkammer Deutschlands, die ihre Gerätschaften am originalen Verwendungsort versammelt. Kein einziger Fall ist überliefert, bei dem der Angeklagte bei der dort vorgenommenen »peinlichen Befragung« nicht gestanden hätte.**

## Holzpranger

Im ersten Vorraum der Fragstatt steht der Holzpranger mit zwei höhenverstellbaren Halseisen. Marktbeschicker, denen ein Vergehen nachgewiesen werden konnte, wurden mit dem Pranger auf einem Marktplatz bis zu drei Tagen zur Schau gestellt.

## Drei Strafgeigen

Strafgeigen sind eine Art mobiler Pranger. In diesen Holzbrettkonstruktionen wurden Hals und Armgelenke festgeklemmt. Sie wurden benutzt bei geringfügigen Diebstählen oder Ehrenbeleidigungen. Eine Sonderbarkeit ist die Strafgeige für Zwei, mit zwei Kopföffnungen und vier Armlöchern.

| | |
|---|---|
| **Schlimme Liesel** | Wurde am häufigsten benutzt. Die Schlimme Liesel ist ein Streckgalgen: Dem Befragten wurden die Hände am Rücken zusammengebunden und mittels einer Seilwinde hochgezogen. Das nannte man »wiegen« oder »ein Reckerle tun«. |
| **Steingewichte** | Steine mit Eisenringen zur Befestigung. Damit konnte der Delinquent noch an den Füßen beschwert werden beim »Reckerle«. |
| **Rutschbahn** | An dieser senkrechten Streckleiter wurde man an den Armen mit einem Seil nach oben gezogen, vier drehbare Dreikanthölzer stachen dabei in den Rücken. Das Strecken wurde oftmals mit Brennen unter den Achselhöhlen und an den Seiten des Brustkorbs verschärft. |
| **Streckbank mit "gespicktem Hasen"** | Eine waagerechte Streckbank. Im Rücken des Delinquenten befand sich der »gespickte Hase«, eine mit kleinen Eisenkugeln besetzte Walze, die gedreht werden konnte. |
| **Jungfernschoß** | Auch Angststuhl oder Beichtstuhl genannt. Stuhl mit spitzen Holzkegeln als Sitzfläche. |
| **Spanischer Esel** | Senkrecht stehendes, oben spitz zulaufendes Brett, auf das sich der Delinquent wie auf ein Pferd setzen musste. Die Füße wurden durch Steingewichte beschwert. |

# Friseurnamen, haarige:

Friseur Busch

FRISEUR SENSEASON

FRISEUR FÖN-X NATUR PUR

Friseur Haar-House

Friseur Haar-Maier

FRISEUR HAARGENAU

Friseur Haarlekin

Friseur HaarVision

FRISEUR KOPFKUNST

Friseur Kopfkunst Locher R.

Friseur NATUpur

Friseur Haartrock

# Frosch

Auf dem Fresko des Goliathhauses, das David und Goliath im Kampf zeigt, findet man unten rechts ein kleines Fröschlein. Was hat das da zu suchen? Man sagt, der Maler Bocksberger wurde beim Anfertigen der Wandmalerei tagein, tagaus von einem **Faulenzer** in einem **grünen Mäntelchen** belästigt: Die Proportionen würden nicht passen, die Finger wären zu kurz, die Zehen des David vollkommen unglücklich dargestellt. So setzte der Maler dem Quäkenden ein Denkmal in Form dieses Frosches.

# Galgenberg

Ist der → Stadbezirk 12 und liegt südlich der Altstadt. Wie der Name schon andeutet, stand hier bis 1803 der Galgen. Er war von vielen Stellen Regensburgs gut sichtbar, da der Galgenberg noch unverbaut war. Auf der den Galgen tragenden Mauer war das Stadtwappen angebracht.

# Gaubald

auch Gawibald, Geupald oder Gaibald (* um 700; † 23. Dezember 761) war der erste Bischof des Bistums Regensburg. Er wird als Seliger verehrt.

# Geldbeutelwaschen

Am Aschermittwoch um 11.11 Uhr werden vor der Historischen Wurstkuchl die Geldbeutel gewaschen

Am Aschermittwoch um 11.11 Uhr wird die Faschingssaison offiziell mit dem Fanfaren-Signal **»Fasching tot«** vor der Wurstkuchl zu Grabe getragen. Anschließend waschen die Anwesenden ihre Geldbeutel, die an einem Stock hängen, in der Donau – **dazu reicht man Bier.** Das Waschen symbolisiert den flauen Kassenstand und soll begünstigen, dass sich dieser Zustand ändert. Oft hält auch ein Bürgermeister seinen besonders großen (besonders leeren) städtischen Geldbeutel ins Wasser und geht hernach mit den Narren über die Steinerne Brücke zum Fischessen.

## *gell:*

wichtige bairische sogenannte »affirmative Interjektion«. Gell heißt soviel wie »nicht wahr?«. Es gibt auch noch die Höflichkeitsform »gelln S'«, also »gellen Sie?«.

## Gespenster

→ Chopper
→ Liebes Herrl
→ Weisse Frau
→ Bierdaumen

# GELBLING, REGENSBURGER

Der »Orangerote Heufalter« oder Regensburger Gelbling (Colias myrmidone) ist ein sehr hübscher Schmetterling aus der Familie der Weißlinge (Pieridae) und ist an den Felsen der nördlichen Donauseite bei Matting und um Kallmünz beheimatet. → Dinge, die nach Regensburg benannt sind.

Die schöne Geschichte vom

# Geld mit Hochwasserschaden

Jux von Hubert Lankes: Am 31. März, also der Zeitungsausgabe zum 1. April 1988, erscheint nach der großen Hochwasserkatastrophe in Regensburg diese **Anzeige im Regensburger Wochenblatt:**

Gr. 42, Handschuhe, wie neu, VB ☎ 0941/[redacted]

**Hochwasser!** Wegen Wasserschaden 10.- u. 20.- DM Scheine mit leichten Wasserflecken billig abzugeben, Kreditbank Stadtamhof, Vorbestellung ☎ 0941/[redacted]

**Hummel** Jahresteller 1972-87, weit unt. Sammelpr., auch einzeln mögl., ☎ 09401/[redacted]

**Kühltheke** 2 m b, **Bizerba Waage** 12 kg zu v. ☎ 09401/[redacted]

Kon Klei Stal Lam

250 satz f. 50

3 M Küc Holz m. N 3-t.

Unglaublich, aber wahr – es melden sich ungefähr 100 Leute, die interessiert wären an »billigem Geld«! Ständig waren Leute mit Plastiktüten voll Geld in Stadtamhof unterwegs, denen Lankes telefonisch verschiedene Adressen der Kreditbank Stadtamhof durchgegeben hatte. Es herrschte reges Treiben, über Gartenzäune wurde geklettert, an Fenster geklopft. Aber natürlich existierte weder Geld mit Wasserschaden noch eine Kreditbank Stadtamhof.

# Goethe

Der große Dichterfürst war auf der Durchreise nach Italien in Regensburg abgestiegen und vermerkte in seinem Tagebuch am 5. September 1786:

*»Ich muss nun machen, dass ich wegkomme! Ein Ladenbedienter, aus der Montagischen Buchhandlung, hat mich erkannt… Ich habe es ihm mit der größten Gelassenheit geleugnet, dass ich's sey.«*

Die Buchhandlung, die Goethe besuchte, befand sich in der Schwarzen-Bären-Straße. Goethe war unter Pseudonym als Kaufmann Möller unterwegs.
Ihm wurde folgendes Zitat **angedichtet**:

*»Regensburg liegt gar schön. Die Gegend mußte eine Wurstküche anlocken.«*

## *das Gwàsch, Quàsch*

**a)** Der echte Ausdruck für »Spezi«, Mischgetränk aus Cola und Fruchtlimo.
**b)** wässriges Getränk, Gewäsch, dünnes Bier. *»Was is denn des für ein Gwasch?«*

## Groß-prüfening

gehört zum Stadtbezirk 14 Großprüfening-Dechbetten-Königswiesen. Der Name geht auf einen Römer namens Probinus zurück.

# *die Halbe*

zur Zeit in Regensburg übliche Standard→ Bier-Maßeinheit. Ein halber Liter. »*Trinken wir noch eine Halbe?*«

### Anderswo wie folgt genannt:

*Blechsemmel (Sachsen), Canette (Westschweiz), une chope (frz. Schweiz) Chübel (deutschsprachige Schweiz), Dicke (Sauerland), Großes (Österreich und Deutschschweiz), Halber (Norddeutschland), Henkel (Berlin), Humpe (dtschspr. Schweiz), Humpen (Saarland), Kübel (dtschspr. Schweiz), Krügel (Österreich), Molle (in der Flasche, Berlin), Nößel (Braunschweig), Patron (südl. Österreich), Schoppen (Pfalz), une schopp (frz. Schweiz), Seidl (mancherorts in Bayern), Seidla (Franken), Stüpper (Schweiz Sensebezirk)*

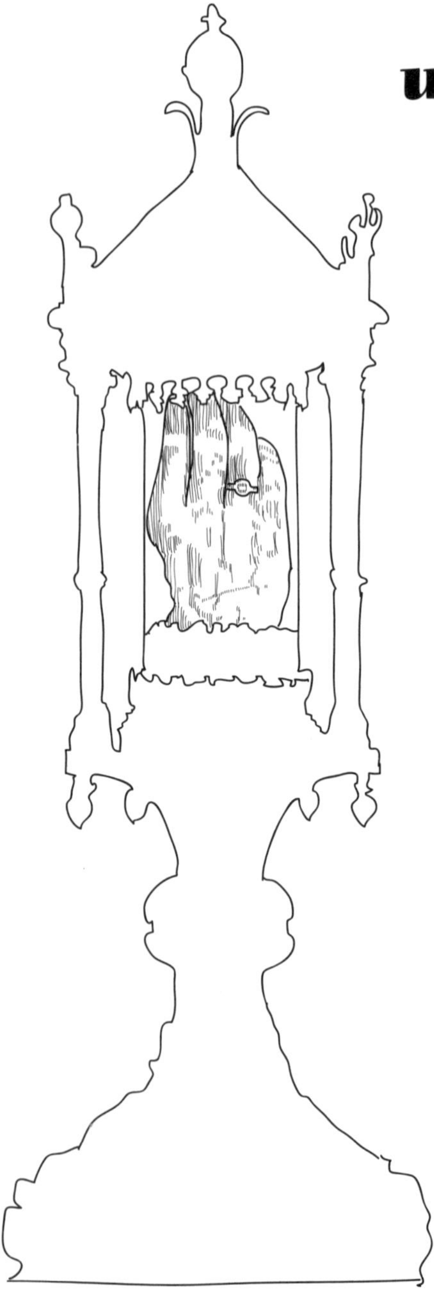

# unverweste Hand

Im Regensburger Dom ist die unverweste rechte Hand des Johannes Chrysostomus ausgestellt, eigentlich Johannes von Antiochia, der im Jahr 407 starb. Dass sich die Extremität seitdem weigert, zu verwesen, **könnte ein Wunder sein!** Die Hand gilt als die wichtigste Reliquie der östlichen Christenheit.
Zweifler vermuteten, die Hand könnte eine Affenhand sein. Diese Vermutung konnte aber entkräftet werden. Es wurde nachgewiesen, dass es sich bei der Hand um eine Menschenhand handelt, die zeitlebens keiner körperlichen Arbeit nachgegangen ist (!).

---

**Die Besichtigung der Hand ist zwar kostenlos, dafür sieht man sie aber auch nur aus sehr großer Entfernung: Stellen Sie sich mit Blickrichtung Altar auf die linke Seite des Doms beim Altar vor das aufgeschlagene Buch mit den Tagesevangelien. Nun ein bisschen suchen, in einiger Entfernung sehen Sie nun die Reliquie.**

---

# Heilige und Selige von Regensburg:

| Name | Feiertag | |
|---|---|---|
| **Heiliger Wolfgang** | 31. Oktober | Hauptpatron der Diözese |
| **Heiliger Emmeram** | 22. September | Nebenpatron der Diözese |
| **Heiliger Erhard** | 8. Januar | Nebenpatron der Diözese → Erhardihaupt |
| **Heiliger Albertus Magnus** | 15. November | |
| **Selige Maria Theresia von Jesu Gerhardinger** | 9. Mai | |
| **Selige Anna Schäffer** | 5. Oktober | |
| **Seliger Friedrich von Regensburg** | 29. November | |
| **Seliger Eustachius Kugler** | 10. Juni | |

### Harlander, Willy

(* 30. April 1931 in Regensburg; † 20. April 2000 in München), Schnauzbartträger, Schauspieler, Sohn eines Totengräbers und einer Köchin. Sang bei den Domspatzen, später Regensburger Schauspieler. Bekannt aus: Polizeiinspektion 1, Königlich Bayerisches Amtsgericht, Der Kommissar, Münchner G'schichten, Meister Eder und sein Pumuckl und viele andere.

# ein Hirschauer Stückl

Lächerliches, Abenteuerliches oder Kurioses wird in Regensburg kommentiert mit »Das ist ja ein Hirschauer Stückl!« Die Hirschauer Stückl sind eine mit den Schildbürgerstreichen verwandte Geschichtensammlung. Diese werden immer noch in Hirschau im Landkreis Amberg-Sulzbach aufgeführt. Erzählt wird, dass wie in Schilda einst die Hirschauer ein Rathaus bauten und dabei die Fenster vergaßen. Als sie bemerkten, dass es in ihrem neuen Rathaus dunkel war, versuchten sie, mit Eimern und Körben das Licht hineinzutragen. Erzählt wird als Hirschauer Stückl auch die Geschichte des **zahlungsunwilligen Karussellbesitzers**. Diesem konfiszierten die Hirschauer zur Strafe seine Orgel und sperrten diese im Feuerwehrhaus ein. Als die Feuerwehr nächtens (und evtl. angetrunken?) ausrücken musste, fuhren die Feuerwehrler bergab auf das Feuer zu. Als der Kutscher nach der Bremse schrie, packte einer der Mitfahrer einen Griff, an dem er drehte. Da erklang der lärmende Ton der Drehorgel in der Melodie von »Wir gehn nach Lindenau, da ist der Himmel blau!«

## Hinterhuglhàpfing

Ein scherzhaft gebildeter Ortsname für eine abgelegene Ortschaft, einem Ort hinterm Mond. Ähnlich verwendet wie Buxtehude, Hintertupfing. Vermutlich in der Nähe von Kelheim.

# HOI Kare

bürgerlich Karl Kopfmüller. Eine bis heute bekannte Regensburger Persönlichkeit. Seines Zeichens Viehtreiber, hatte er den Tick, überraschend sein lautes »Hoi!« in den Straßen zu schreien, auch wenn er keine Kuh vor sich hertrieb. Der Regensburger Schriftsteller Georg Brittig schrieb über ihn: »Und dann tönte sein Schrei, dass zusammenfuhr, wer ihn hörte, den Ton, rauh und gurgelnd, tierisch, röhrend, trompetend, sein gewaltiges: Hoi! Der Einfältige mit den blinzelnden Schweinsaugen schaute nicht links und nicht rechts, er merkte es nicht, dass sein Ruf die Spaziergänger erschreckte, der Hirte, er ging und die Kuh, die er trieb, die man nicht sah, für ihn war sie da ... Die in den Schenken kannten ihn, die Metzgerburschen und die Viehhändler, und neben ihnen saß er auf den Bänken und trank das Bier, das sie ihm zahlten, ... der unflätige, einfältige Hirte Hoi.« (Britting, Die kleine Welt am Strom)

## *Hirsch, der*

*Tölpel, Narr, Dummkopf.*
*»So ein Hirsch!«,*
*»Hirsch, damischer!«.*

# Tabelle mit

| Einwohner | Gesamt | Frauen | Männer | |
|---|---|---|---|---|
| | 148.282 | 76.969 | 71.313 | |

| Fundsachen pro Jahr | ca. 9650 (2009) | | | |
|---|---|---|---|---|
| | davon werden abgeholt | gesamt | wertvolle Sachen (Handy, Geldbeutel) | Kleinteile |
| | | 25% | 75% | 5% |

Abgegeben werden die Fundsachen meist innerhalb der ersten 2-3 Wochen. Nach dieser Frist kann man eigentlich die Hoffnung aufgeben, dass man das gute Stück zurückbekommt.

| Partnerstädte | | |
|---|---|---|
| | Schottland (Vereinigtes Königreich) | Aberdeen |
| | Südtirol (Italien), | Brixen |
| | Frankreich | Clermont-Ferrand |
| | Arizona (USA) | Tempe |
| | Ukraine | Odessa |
| | Tschechien | Pilsen |
| | Ungarn | Budavár |
| | China | Qingdao |
| Buslinien | 70 | |
| Strassenbahn | keine seit 1964 | |
| Autobahnen | A3: Würzburg—Passau | |
| | A93: Hof—Holledau (dann: A9 bis München) | |

# Halbwissen

| | Gymnasien | Real- | Förder- | Haupt- | Gund- | Beruf- | Wirtschaft- | Fachober- | Berufsober- | Berufsfach- |
|---|---|---|---|---|---|---|---|---|---|---|
| Schulen | 8 | 5 | 6 | 6 | 18 | 4 | 2 | 1 | 2 | 14 |

| | |
|---|---|
| Bundesstrassen | B8: Würzburg—Passau |
| | B15: Hof—Rosenheim |
| | B16: Cham—Füssen |
| | B15n: (geplant) bis Rosenheim |
| Zeitungen | Donau-Post, Mittelbayerische Zeitung, Wochenblatt, Rundschau |
| Stadtmagazine | Donaustrudl, Filter, Hugo, Kult, Kulturjournal, Altstadtbladl Sepp, Stadtzeitung, port01 |
| Ehemalige Stadtmagazine | logo, Fürst, Regensburger Monatsmagazin |
| Hochschulen | Universität Regensburg |
| | Hochschule Regensburg (Umgangssprachlich FH genannt) |
| | Hochschule für kath. Kirchenmusik und Musikpädagogik Regensburg |
| Fernsehserien | »Kommissarin Lukas«: Krimiserie, die in Regensburg gedreht wird |

*Quellen: Jahresbericht 2009, 2010 und Vierteljahresbericht 4/2009, Fundamt*

# Hochwasser
## Meldestufen

Wenn die »Meldestufe 1« überschritten wird, kann man von Hochwasser sprechen.

| **Stand in cm** | |
|---|---|
| 390 cm | Überflutung des oberen Hammerbeschlächts |
| 400 cm | Meldestufe 1 |
| 450 cm | Meldestufe 2 |
| 480 cm | Überflutung des unteren Hammerbeschlächts |
| 500 cm | Meldestufe 3 |
| 510 cm | Überflutung der Kaimauer zwischen dem Eisernen Steg und der Steinernen Brücke |
| 530 cm | Überflutung der Werftstraße |
| 550 cm | Meldestufe 4 |
| 560 cm | Überflutung der Badstraße am Oberen Wöhrd (oberhalb des Eisernen Steges) |
| 580 cm | Überflutung der Thundorfer Straße |

# Händlmaier

Die Händlmaiers betrieben 1914 eine Metzgerei in der Gesandtenstraße, als Johanna Händlmaier ihren „Süßen Hausmachersenf" erfand. 1964 entschloss sich Schwiegertochter Luise nach dem Tod ihres Mannes die Metzgerei an die Firma Ostermeier zu verkaufen und ausschließlich Senf zu produzieren. Heute ist Händlmaier in Deutschland beim süßen Senf Marktführer.

# Grösste Überschwemmungen

Die folgende Liste ist eine Auswahl der größten Überschwemmungen in Regensburg. *(hnd.bayern.de)*

| Jahr | Wasserstand an der Eisernen Brücke oder Beschreibung |
|---|---|
| 1235 | Wasserstand vermutlich in Höhe der Brüstungen der Steinernen Brücke. Zerstörung ganzer Stadtviertel durch Einsturz von Mauern, Häusern und Türmen, Menschen wie Tiere wurden von den Wogen mitgerissen und fanden in den wilden Fluten ein nasses Grab |
| 1342 | Vermutlich die größte geschichtlich belegte Flut in Mitteleuropa |
| 1501 | Vernichtete ganze Felder, die Folge war eine große Teuerung |
| 1709 | Anstürmen der Eisschollen bis zur Höhe des Schwabelweiser Kirchturmes |
| 1784 | Abschwemmen von sechs Wohnhäusern in Donaustauf |
| 1845 | Hochwasser mit Eisabgang und Eisstoß, wohl einen halben Meter höher als 1988 |
| 1893 | Hauptsächlich in Regensburg lokales Hochwasser, auch ca. 50cm höher als 1988 |
| 1988 | 659 cm Jahrhunderthochwasser |
| 22.3.2002 | 578 cm an der Eisernen Brücke |
| 14.8.2002 | 660 cm Jahrhunderthochwasser |
| 4.1.2003 | 529 cm |
| 11.3.2006 | 526 cm |
| 8.8.2010 | 503 cm |

# Hochwasser-Anweisungen

Wohnen Sie in folgenden Straßen **Werftstraße, Badstraße, Thundorferstraße oder Wassergasse** oder planen, dort hinzuziehen, so rentiert sich die Anschaffung von folgenden Hochwasserutensilien, empfohlen von der Stadt Regensburg:

≈ Gummistiefel
≈ Schutzhandschuhe
≈ batteriebetriebenes Radio, netzunabhängige Kochgelegenheit (z.B. Hartspirituskocher)
≈ Taschenlampe, Kerzen Zündhölzer, Feuerzeug und Reservebatterien
≈ Notstromaggregat und Tauchpumpen
≈ Sandsäcke
≈ Schöpfgeräte und Wischer
≈ Verbandskasten
≈ Lebensmittel- und Getränkevorräte
≈ Mobilfunk-Telefon
≈ wichtige Telefonnummern
≈ Decken
≈ Essgeschirr und -bestecke

Beschaffen Sie diese Gegenstände und Geräte nicht erst im Hochwasserfall, da einige davon dann meist schnell vergriffen sind.

## Hochwasser, Spruch

*»Die Donau ist sehr alt und leidet unter seniler Bettflucht und ihr nächtlicher Harndrang sorgt für Überschwemmungen.«*

**(Komiker Dirk Stermann in seinem Roman »6 Österreicher unter den ersten 5«)**

# Karl der Grosse

Karl dem Großen erschien im Traum ein Engel des Herrn:

*»Karl, du Freund Gottes, Gott, der Herr hat mich zu dir geschickt, damit ich dir folgendes mitteile: […] Geh über die Alpen nach Alemannien gegen die Donau hin! In deren Nähe liegt die Stadt der viereckigen Steine [=Regensburg], in der grausame Heiden wohnen.*

*…Sie sind tapfer, kennen sich im Kampf aus und sind durch eine starke Befestigung gesichert. Dennoch werden sie gegen dich nichts vermögen. Ganz in der Nähe dieser Stadt liegt ein lieblicher kleiner Hügel. Er heißt Hügel des Sieges. Auf diesem Hügel errichte ein Zelt! Du wirst von ihm aus den Sieg erringen und grausame Rache üben an den Feinden Gottes und an deinen eigenen!«*

Als Karl der Große vor der Stadt lagerte und von allen Seiten versucht hatte die Stadt zu stürmen, antworteten die Regensburger *»Wir vertrauen auf unsere Götter, auf die Bauwerke unserer festen Stadt […] In Kürze werden wir den Kaiser Karl einem ungezähmten Roß an den Zagel binden und ihn durch unsere ganze Stadt schleifen lassen und ihn so beschämen, und wir werden ihn mit mancherlei Geißelung vom Leben zum Tode bringen! Wir wollen auch die Fürsten seines Volkes am Galgen erwürgen!«*. Nach langem Aushungern der Stadt wurde sie doch eingenommen.

**(Zitate: Emmi Böck »Regensburger Stadtsagen«)**

## *der Hund*

**a)** bewundernd, anerkennend, »Der Strauß – a Hund war er ja scho!«
**b)** beleidigend:
»Du blöder Hund, du!«

# Kabinen-roller

Der Messerschmitt Kabinenroller ist ein Auto beziehungsweise ein Kleinstwagen – also zwischen Motorrad und Auto – und wurde in Regensburg produziert. Spötter beschrieben ihn so:

*»1,20 Meter hoch, 1,20 Meter breit, von der Gestalt einer Zigarre und mit dem Gesicht eines Froschs.«*

Er wurde von 1953 bis 1964 im Messerschmitt-Werk Regensburg in der Wernerwerkstraße hergestellt. Heute befindet sich an dieser Stelle die Zentrale der Sparkasse. Der ehemalige nationalsozialistische Musterbetrieb stellte im Zweiten Weltkrieg Flugzeuge her. Die Ähnlichkeit des Kabinenrollers zu Flugzeugen ist in vielen Details zu erkennen. Kabinenroller-Konstrukteur Fritz Fend führte, nachdem der Roller nicht mehr produziert wurde, in Regensburg ein Konstruktionsbüro. → Westenviertel

| | |
|---|---|
| Baujahre: | 1953-1964 |
| PS: | 10,9-19,5 |
| Neupreis: | 2100 DM-3700 DM (Top-Version) |
| Sitzplätze: | Zwei Sitze, hintereinander |
| Gewicht: | 220-390 kg |
| Benzinverbrauch: | 3,5 l |
| Höchstgeschwindigkeit | KR175 80km/h, Tg 500 125 km/h |
| Spitznamen: | Menschen in Aspik, Schneewittchensarg, Käseglocke, Schlaglochsucher |
| Besonderheiten: | Kein Lenkrad, sondern Lenker, Normale Modelle hatten keinen Rückwärtsgang, der Motor wurde zum Rückwärtsfahren rückwärts angelassen. |

# Kasernenviertel

Liegt südöstlich der Innenstadt zwischen der Bahnlinie Regensburg-München/Passau im Norden und Osten sowie der Bundesautobahn 3 Regensburg-Passau im Süden. Dazu gehören Pestalozzi-Schule und Napoleonstein-Schule, Mediamarkt und Bauhaus.

# Keilberg

Der höchstgelegene Stadtbezirk Regensburgs, bekannt für seine **Erdbeeren**. Die Herkunft des Namens ist bis heute ungeklärt. Frühere Bezeichnungen wie »Keilstein«, »Käßstein« und »Kußstein« sowie die Wortbestandteile »Kachen«, »Kahen« und »Kächen« geben Rätsel auf. Nach der Überlieferung sollen die ersten Siedler um 1800 Köhlers gewesen sein. Darauf folgende Siedler trugen die Namen Amman, Pauderer, Merl, Salhofer, Seiler, Weichart und Aumer. **Nachkommen** all dieser Familien wohnen noch immer auf dem Berg.

# Karmelitengeist

Schnaps made in Regensburg. Er wird seit 1721 nach einem Rezept von Pater Ulrich im Karmelitenkloster zu Regensburg aus Kräutern und Gewürzen hergestellt. Alkoholgehalt 75%! Es gibt zwei Patres, die jeweils nur ein Geheimnis der Herstellung für sich behalten: Die Kräutermischung und das Destillieren. Damit die Geheimnisse der Herstellung nicht verloren gehen können, gibt es jeweils noch einen Geheimnisträger auf Reserve, der einspringt, wenn dem anderen etwas passieren sollte. Der Karmelitengeist tut gut innerlich, verdünnt im Tee, im Wasser oder auf Zucker. Äußerlich wird er unverdünnt zum Einreiben verwendet. Ich wollte den Geheimnisträger Pater Wilfried während der Recherche zu diesem Buch besuchen und ein bisschen zu seiner Arbeit befragen. Da meinte er zu mir, dass wir uns schon treffen könnten »wenns sein muss«, aber er fügte an: *»Ich heiße Wilfried – ich will meinen Frieden«*. Ich ließ ihn ihm.

# Knackersemmel mit Allem

Eine angebräunte Knackwurst wird in einer Semmel mit süßem Senf, rassem Meerrettich und Essiggurken serviert.

Semmel, obere Hälfte →

Essiggurkenscheiben →

ein Teelöffel
süßer Senf →

ein Teelöffel
scharfer Meerrettich →

Regensburger Knackwürste,
mittig halbiert, so dass
sie an der Haut noch
zusammenhängen, in
der Pfanne angebräunt →

Semmel, untere Hälfte →

# Kaufhaus

Verwirrung stiftet der Name des Kaufhauses am Neupfarrplatz. Jemand: »Wie komme ich denn zu Galeria Kaufhof?« – »Kaufhof…? Aaah – Sie meinen an Schocken!«. Hinter welchen Namen dieses Kaufhaus am Neupfarrplatz noch stecken kann, entnehmen Sie bitte dieser Übersicht.

## Übersicht über die Namen

| | |
|---|---|
| *seit 1998* | GALERIA KAUFHOF |
| *1990* | GALERIA HORTEN |
| *1973* | HORTEN |
| *1938* | MERKUR |
| *1920* | SCHOCKEN |
| *Vorher* | TEXTILHAUS HAMMER |

**Der Wechsel zu Merkur war faktisch eine Folge der Enteignung der jüdischen Gebrüder Schocken**

# Historische Werbesprüche

**Horten – Das Haus voller Ideen.**

Horten hat die Wa(h)re Freude.

**Galeria Horten – Eine Welt voller Ideen.**

Horten – Starker Partner der Kaufhof Gruppe.

HORTEN — QUALITÄT — AUSWAHL — GÜNSTIGE PREISE.

AUF NEUE FREUNDSCHAFT – MERKUR GEHT – HORTEN KOMMT.

Horten-Kachel
Diese 1960 von Egon Eiermann entworfene Wabenfassade kleidet den Kaufhof noch immer, sie wurde für die Horten-Kaufhäuser entwickelt.

1928:

**Der erste Fahrstuhl in Regensburg im Kaufhaus Schocken!**

1954:

**Die ersten Rolltreppen in Regensburg im Kaufhaus Merkur!**

# Kasperl-theater

Folgende Stücke hat der Kasperltheaterdirektor vom **„Theater Larifari“** Christoph Malz schon für Erwachsene geschrieben und aufgeführt:

Kasperlhausen will Kulturhauptstadt werden!

Schlingensief kommt!

Ein Koffer voller Idiotie

Kasperl und die Wahl der Qual

Kasperl und die Stadthalle

Brückenstuss im Überfluss

Feindhaut -Vorhaut

Der Papst kommt!

Kasperl und der Antichristoph

Kasperl stoppt die Finanzkrise!

## Wissen über das Kipferl

| | |
|---|---|
| *Gründung der Bäckerei Schwarzer* | 1895 in Cham/Opf. |
| *In Regensburg seit* | 1900 |
| *Rezept des Kipferls* | geheim!! |
| *Beilage für* | Knacker, Bratwürste, Käse, Wurst, Wurstsalat, … |
| *Produktion* | 20.000 Kipferl pro Tag |

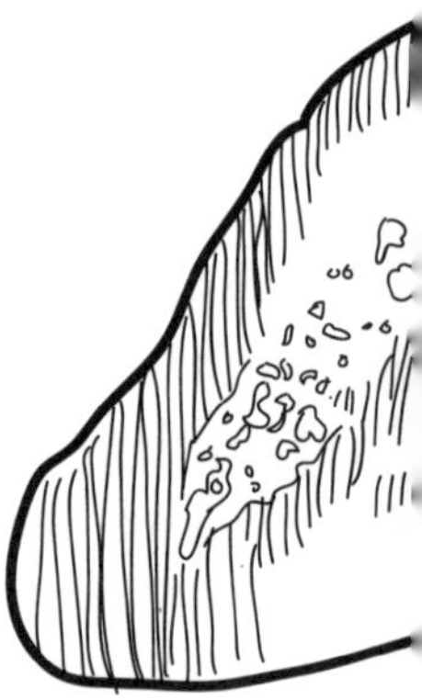

# Das Kipferl

Nicht wie sonstwo süß, sondern ein Roggengebäck mit ganzem Kümmel, ist das Kipferl in Regensburg. Das Original ist das »Schwarzer Kipferl«. Doch fangen wir am Anfang an: Meine erste Frage an Herrn Weber, den Chef der Bäckerei Schwarzer, ist, ob das Rezept geheim ist.

*»Jaaa, da kummer net zam!«*

**(Hochdeutsch: »Da kommen wir nicht ins Geschäft!«)**

Nach klärenden Worten, nämlich, dass ich mich selbstverständlich unterstehen werde, nach dem Rezept zu fragen, gibt er mir die Antwort:

*Das Rezept ist geheim und ausschließlich in den Köpfen von Junior und Senior Weber gespeichert. Die Grundmischung wird jeden Tag vom Chef persönlich in seinem Eckerl in der Backstube mit Hilfe einer alten mechanischen Waage zusammengestellt.*

Ungeschriebenes Gesetz ist es, dass man dem Maestro dabei nicht von hinten über die Schulter blickt. Dann dürfen die Mitarbeiter unter Zugabe von Wasser und Mehl den Teig anrühren und die Kipferl backen.

# Knacker

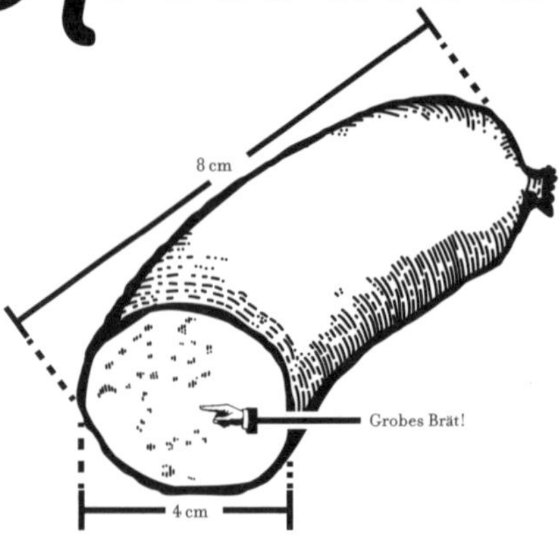


Die Würste, die anderswo Regensburger heißen, nennt man in Regensburg eigentlich Knacker. Durch die Globalisierung gibt es jetzt doch auch in Regensburg eine **Knacker-Verwirrung**. Die Unterscheidung ist in der Metzgerei deshalb heutzutage:

| | |
|---|---|
| Knacker | feines Brät |
| Regensburger | grobes Brät |

Maße beider Würste: ca. 8 cm lang, Durchmesser 4 cm. Die Regensburger Knacker ist eine Brühwurst aus grobem Fleischbrät mit einer Einlage aus Schweinefleisch und sie wurde von einem unbekannten Metzger im späten 19. Jahrhundert erfunden. Als »Original Regensburger« dürfen nur im Stadtgebiet hergestellte Würste bezeichnet werden. Universell verspeisbar: Kalt oder warm gemacht im Wasser, angebräunt oder als → Regensburger Wurstsalat. Eine ausgezeichnete Serviervariante ist die → Knackersemmel. → Dinge, die nach Regensburg benannt sind.

## Herkunft des Wortes *Knacker*:

- Knacker als Beschreibung des knackenden Geräuschs beim Reinbeißen.
- Knacker nach dem bairischen Wort »Gnack« (Genick), weil angeblich Genickfleisch zur Herstellung verwendet wurde.

# Konnersreuther Resl

Therese Neumann wurde in der Nacht zum Karfreitag 1898 geboren. Erblindete 1919 und wurde 1923 wieder sehend. Angeblich trug sie die **Wundmale** Christi. Trotz skeptischer Stimmen wurde ein Gesuch zu ihrer Seligsprechung 2005 vom regensburger Bischof Gerhard Ludwig Müller eröffnet.

# Der Kneitinger

**a)** Die Brauerei beim Arnulfsplatz: »*Was habt's denn für ein Bier?*« – »*Oans vom Kneitinger.*«. **b)** Das Wirtshaus am Arnulfsplatz, auch »Mutterhaus« genannt, wohl weil hier um 1530 erstmals Kneitinger Bier gebraut wurde. Alt-Bräuin Sofie Kneitinger ließ festlegen, dass auch nach ihrem Tod im Mutterhaus niemals → Cola, Pommes Frittes oder Ketchup serviert werden dürfen.

# Das Klima im Vergleich

| | Regensburg | London | Palma de Mallorca |
|---|---|---|---|
| Durchschnittliche Jahrestemperatur | 8,0 °C | 9,7 °C | 16,0 °C |
| Jährliche Niederschlagsmenge | 646 mm | 611 mm | 406 mm |
| Regentage pro Jahr | 111,4 | 106,6 | 51,0 |
| Sonnenstunden pro Jahr | 1646,0 | 1460,2 | 2774,0 |

# Klang Regensburgs

**von Klang- und Medienkünstler Bingo Onomatopoeia alias Andreas Müller**

In den engen Gassen der Altstadt klingen die eigenen Schritte ganz anders als auf den Plätzen, mit etwas Glück hört man um sich mehrere Sprachen gleichzeitig. Ruhige oder gar wohlklingende Orte, die keinen Eintritt kosten, sind Kirchen, Friedhöfe, eingeschränkt Parks und Bibliotheken.

Wie viele Coverbands dürfen auf dem Bürgerfest gleichzeitig »Born to be wild« spielen, wie viele Dixiebands verträgt das Jazzweekend, um gerade noch als Jazz zu gelten? Letztendlich eine müßige Frage, denn hier entscheidet

**Gute Klänge:**

**Treppenhaus der Galeria Kaufhof, Sigismundkapelle, Holztreppe der Stadtbücherei am Haidplatz, auf der Dult Nachmittags vom Autoscooter ins Hahn-Zelt gehen**

## Kneipen,
einige alte oder ehemalige:

ADABEI
AIRPORT
ALLEGRO
AMBROSIUS
ANTAGON
ATELIER JEAN
CAFÉ ADRIAN
CAFÉ SAUER
CAFÉ-BAR
CARAMBOLAGE
CHEZ NOUS
DISCO M
DOMICIL
FACTORY
FIASKO
FILMKNEIPE
GALERIE
HINTERHAUS
IN
JENSEITS

nur der Bierumsatz und der Pegelmesser des Ordnungsamtes, obwohl weder Hektoliter noch Dezibel tauglich sind, allgemeine Lebensqualität mit Steuereinnahmen zu korrelieren. Aktiv und bewusst gestaltet wird der öffentliche Raum klanglich bis jetzt nur dort, wo es der Zwang zum Gewinn notwendig macht. Wer aufmerksam über die Dult geht, kann hören, dass manche Schausteller in Sounddesign investieren, um sich durch guten, unverwechselbaren Klang von der Konkurrenz abzuheben.

**Schlechte Klänge:**
**Thundorferstraße**
**Dachauplatz,**
**alle Baumärkte,**
**Laubbläser in den Parks**

Teenagern, die der akustischen Umgebung entfliehen möchten, bleibt der Griff zum mp3-Player, um sich von Verkehr und Zwangsbeschallung zu isolieren. Der Versuch, mit dem Handylautsprecher ein gemeinsames Hörerlebnis zu gestalten, ist in seiner Hilflosigkeit rührend, aber doch schön zu beobachten.

**(Dieser Text ist in ähnlicher Form vorher im Kulturjournal Regensburg erschienen)**

KAKTUS
KULTURAMT
MARTINI
METROPOL
MIZURB
NAMENLOS
OMA PLÜSCH
ORKAN
ORPHÉE
PALETTI
PATACHOU
PEACHES
PELIKAN
PERPLEX
PFERDESTALL
POOL
QU
RIVERBOAT
ROCK-CAFÉ
ROSARIUM
SCALA
SCHWEDEN-KUGEL
STUDENTEN-KELLER
SUDHAUS
TANGENTE
WIRTSCHAFTS-WUNDER
ZARAP ZAP ZAP

## Kumpfmühl

ist der Stadbezirk 13 und liegt südlich der Innenstadt und westlich vom → Galgenberg. Der Name geht auf eine Mühle zurück, die vielleicht schon die römischen Besatzungstruppen mit Mehl versorgte. Sie wurde 1944 von Bomben zerstört. Sie stand 100m südöstlich der Theresienkirche und wurde mit dem Wasser des → Vitusbaches angetrieben. **»Kumpf« heißt »Schüssel«**, denn die Mühle hatte an ihrem Antriebsrad nicht einfache Bretter, auf die das Wasser plätscherte, sondern hölzerne Schüsseln, welche die Kraft besser auffingen.

## LADENDETEKTIV, DIEBISCHER

Im Juni 2010 bewarb sich ein Mann im Lebensmittelmarkt am Neupfarrplatz als Kaufhausdetektiv. Um zu untermauern, dass ein Kaufhausdetektiv notwendig sei, hatte er bei der Bewerbung drei Getränkedosen dabei, die er nach eigener Aussage **zuvor im Laden entwendet hatte**. Man entschied, ihn nicht einzustellen. Einen Monat später wurde er beim Diebstahl einer Flasche Wodka ertappt.

# Lankes, Hubert

Künstler, Fotograf und Stadtrat. Er produzierte **Aktionskunstwerke** wie → Alzheimer, Josef. Mit der Liste ALZ schaffte er es tatsächlich mit seinem Freund Karl-Heinz Mierswa in den Regensburger Stadtrat. Weitere Kunstaktionen: → Druidenfürst → Hochwassergeld → Pilgerbüro. Er verteilte Osterkarten an Kunden, Freunde und Bürger, auf denen ein Teil der abgebildeten **Ostereier** Hoden waren. Investigative Befragungen der regionalen Presse, die das nicht lustig fanden, konnten nicht ermitteln, ob es sich dabei um seine eigenen handelte. Lankes: »Es ist jedenfalls die einzige Alternative zu Marzipan und Schoko.«

# Kuhgässel

Das Kuhgässchen ist die schmalste öffentliche Gasse in Regensburg. In einer Sage heißt es, ein Bäckerknecht wurde in der engen Gasse von einer ihm begegnenden Kuh (oder einem ähnlichen Gespenst) erdrückt. In Wahrheit hat es wahrscheinlich mit der Dunkelheit in dem Gässchen zu tun. »So finster wie in einer Kuh«, dieser Spruch könnte mit einem als »Kuh« bezeichneten bischöflichen Gefängnis für delinquierende Geistliche zusammenhängen.

**Das Kuhgässchen ist im Westen der Altstadt zwischen Ledergasse und St. Leonhards-Platz**

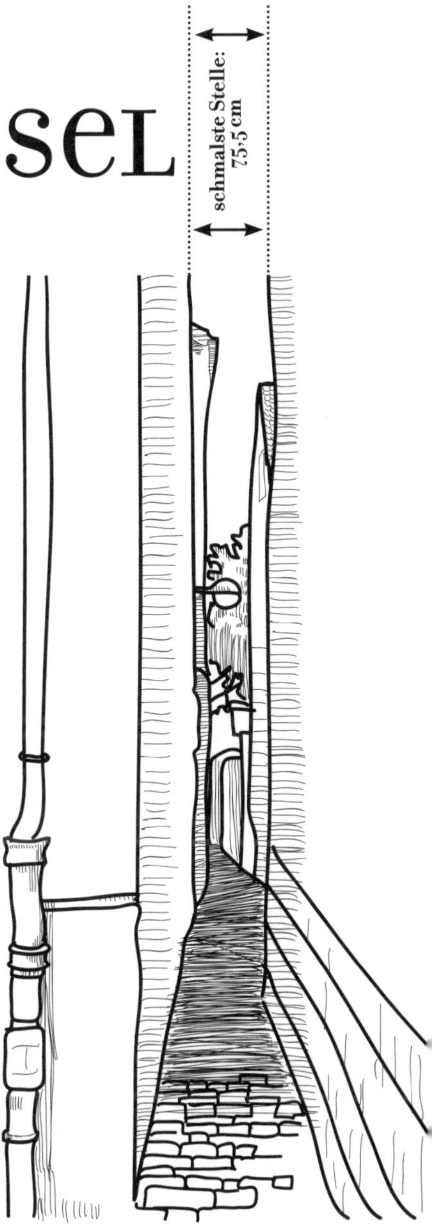

# Liebes Herrl

Ein berühmtes Gespenst aus Regensburg. Am 3. Mai 1371 erschien das »liebe Herrl« das erste Mal. Der Geist erschien an unterschiedlichen Stellen in Regensburg. Man konnte ihn zwar nicht sehen, aber er sprach mit einem, sagte Dinge voraus und warf Milchtöpfe um. Einmal machte er einen ganz besonderen Scherz: Er nahm für Gäste vorbereitete **Küchl** aus einem Schrank und **legte sie der Reihe nach auf das Hausdach**. Als der Gast den Geist beschimpfte, wurde dieser so stark vom »lieben Herrl« zu Boden geschleudert, dass er aus der Nase blutete.

# Löwenhoden

Die beiden Löwen in der Nähe von Bad Abbach, deren Hoden traditionell von Jugendlichen mit **roter Sprühfarbe** coloriert werden, stehen dort, wo es früher einmal eine schlechte Straße gab. Diese war sehr nah an der Donau, weil der Teufelsfelsen ihr den Platz wegnahm. Der Weg wurde oft überflutet und man musste beschwerlicherweise den Weg über den Berg suchen. Als am 2. April 1793 endlich der böse Felsen gesprengt war, setzte man dem Kurfürst Karl Theodor, der das große Unternehmen finanziert hatte, ein Denkmal: Eine Inschriftentafel und zwei riesige gemeißelte Löwen. Der eine sieht auf die Tafel, der andere auf die Donau.

**Man findet die Löwen an der Bundesstraße 16 kurz nach Bad Abbach in Richtung Kelheim auf der rechten Straßenseite**

# DIE LUFT

Im Gegensatz zur viel besungenen Berliner Luft hört man über die von Regensburg seltener jemanden singen. Hier zumindest eine treffliche Beschreibung von einem verdienstvollen **Arzt, Dr. von Schäfer sen.**:

*»Unsere Luft sei gesund, doch schwer, dick und feucht; vorzüglich trocknen und reizbaren Naturen sehr zuträglich und zur Brust und Lunge wohltätig und erhaltend, wie sie dann auch im Ganzen leibig mache.«*

*der Loamsiada, der Leimsieder:*

unbeholfener, langweiliger, energieloser, träger Mensch, der nichts Rechtes zustandebringt.

*Panorama von Regensburg*

Von den Winzerer Höhen aus gesehen

# Max-Buchhauser-Garten

**Der Max-Buchhauser-Garten befindet sich an der Frankenstraße in Höhe des Dultplatzes**

Einzigartiger **Skulptur-Garten** an der Nordseite der Donau gegenüber vom Dultplatz. Ein Großteil der Gartenanlagen und Treibhäuser von Max Buchhauser mussten dem Bau der Oberpfalzbrücke weichen. Der Gärtner und Bildhauer hat aus der Not eine Tugend gemacht und eine große Zahl wunderbarer und wundersamer Figuren geschaffen und dort hingestellt. Viele Figuren machen den Anschein, als würden sie den Verantwortlichen **Grimassen** schneiden. Erwähnenswert ist, dass die Figuren nie oder sehr selten Vandalismus zum Opfer fallen, vielleicht wegen ihrer ihnen selbst innewohnenden rebellischen Art.

# Maria-ort

Gemeindeteil von Sinzing. Der Name steht wohl im Zusammenhang mit einem Wunder, das an diesem Ort geschah: Ende des 8. Jahrhunderts sollen die Regensburger Bürger eine **Frauengestalt auf der Donau** entdeckt haben. Als Männer mit Kähnen zu ihr hinfuhren, staunten sie nicht schlecht: Es war eine Marienstatue aus Stein, die da auf der Donau schwamm. Diese soll bei Konstantinopel ins Meer geworfen worden sein und wurde **von einem Wacholderstrauch** bis hierher an die Stelle getragen, wo die Leute nun eine Wallfahrtskirche errichteten.

# *Maß, die*

Bier-Maßeinheit für einen Liter Bier, spricht man mit kurzem a wie in »Mastschwein«, nicht lang wie in »Maßband«. Die Goaßmaß ist z.B. ein beliebtes → Biermischgetränk

**Das Regensburg Sammelsurium benutzt die ältere und immer noch korrekte Schreibweise mit »ß«**

# Erfinder des Metronom

Johann Nepomuk Mälzel (* 15. August 1772 in Regensburg; † 21. Juli 1838 in Venezuela) war **Erfinder und Mechaniker** sowie Konstrukteur mechanischer Musikinstrumente. Er erfand und patentierte das Metronom, also den mechanischen Taktangeber für Musiker.

# *Mollen, die*

**a)** das Weiche im Brotinneren **b)** langweilige, unfreundliche Frau, kommt in Regensburg öfter vor, zum Beispiel im **Einzelhandel** und im **Wirtshaus**.

## Mützen-Gänger

Sehr lange in Regensburg zu Fuß unterwegs Gewesener. Immer mit schwarzer Pudelmütze. Man hat ihn überall gesehen. – Zurzeit nicht mehr aktiv.

## das Noagal

hochdeutsch Neige, im Gegensatz zum → Spruz eine abgestandene **kleine Menge Bier**. Ein Bier, das beim Einschenken übergelaufen ist und aufgefangen wurde, oder ein Rest, der am Tisch stehen bleibt, nachdem der Gast gegangen ist.

## Ostenviertel

ist der Stadtbezirk 10 von Regensburg. Südlich der Donau und östlich der Innenstadt gelegen, beinhaltet es große Gewerbegebiete: z.B. früher die Zuckerfabrik.

## Ober-/Niederwinzer-Kager

ist der Stadtbezirk 16 und liegt zwischen Pfaffenstein und Kneiting. Ober- und Niederwinzer verdanken ihre Namen dem → **Weinbau**, denn es handelt sich um die ältesten schriftlich nachgewiesenen Weingärten in Altbayern. Diese gehen zurück bis zu den Römern. Der Name Kager kommt von »die Kager« für ein umzäuntes Grundstück.

## Oberisling Leoprechting Grass

ist der Stadtbezirk 17, südlich der Bundesautobahn A3. Oberisling leitet sich von Isling ab, das als »**Ysininga**« erstmalig 975 erwähnt wird. Graß kommt von »Grazze«, das Buschwerk, Gebüsch, Fichten-, Tannensprossen bedeutet.

# Nittendorf, versunkenes:

Vor langer Zeit ist der Sage nach ein Dorf neben Nittendorf, also »Alt-Nittendorf« im Erdboden versunken. Eines Tages wurden die Bewohner durch dumpfes Grollen aufgeschreckt.

*Die Erde begann zu beben, es* **klafften Schlünde** *auf, der Berg versank unter Wehschreien der Bevölkerung und unter dem Läuten des erschütterten Kirchturms.*

Der Spalt schloss sich und die Welt lag friedlich da. Manchmal, so erzählt man sich, hört man aus dem Iglberg noch den Glockenklang.

# Napoleons Kutsche

Am 23. April 1809 ließ sich Napoleon nach einer Verletzung im Schloss Pürkelgut das Bein verbinden. Er lieh sich die Karosse des Gutsbesitzers Heinrich Hartmeier aus, um damit zu seiner Übernachtungsmöglichkeit zu fahren. Nach dem Tod Hartmeiers wurde die von Napoleon zurückerhaltene Kutsche dem Schwiegersohn Lang vermacht. Dieser wiederum stiftete sie der **Feuerwehr Niedertraubling**, in deren Gebrauch sie sich bis 1910 befand.

# PFLASTER →

Regensburg und Augsburg waren im Mittelalter die ersten bayerischen Städte, die ihre Straßen und Plätze gepflastert haben. Das älteste Pflaster aus dieser Zeit ist in Regensburg das sogenannte **Hirschlinger Pflaster** (Das Bild rechts ist kein Hirschlinger!). Die Steine haben die Form eines Zahns, sind also unten spitz zulaufend. Es liegt heute noch vor dem Portal des Alten Rathauses, am Haidplatz und in einzelnen Seitengassen. Das Hirschlinger Pflaster ist wahrscheinlich nach einem Steinbruch in Hirschling benannt und ist 300-400 Jahre alt. Patrizier Runtinger befestigte um 1410 in Regensburg die ersten Straßen mit Steinquadern und Platten. Die ersten Plätze wurden 1550 gepflastert.

## Punker-Mike

*1960; †2011, Michael Hinz, einst Enfant Terrible von Regensburg, hörte gern auf den Plätzen Regensburgs laut Musik aus seinem **Ghettoblaster** (z.B. Howlin' Wolf).
Ein großer Musikliebhaber.

# Pautensee

Ein auf dem Gebiet zwischen dem heutigen Schloss Pürkelgut bis Richtung Burgweinting gelegener, 1364 erstmals erwähnter und heute verlandeter See.

# PFAFFENSTEIN

Ein Stadtbezirk westlich an Steinweg anschließend. Der Name kommt von einem Fels, der dort wohl auf dem Grundstück eines Priesters stand. Pfaffe war früher ein nicht abfällig gemeintes Wort für Priester!

# PILGerBüro

Scherz-Kunst-Aktion von Hubert → Lankes zum Papstbesucht 2006: »Wir halten's wie Benedetto und entschuldigen uns für etwaige Missverständnisse, bei allen, die sich beleidigt fühlen wollen.« In Lankes' Reliquien- und Devotionalienbasar waren unter anderem erhältlich:

* **Stigmata-Tattoo**
  *Das Tragen der Wundmale stellt die einzige zeitgemäße Antwort auf Piercing, Branding, Tattooing und Lifting dar.*
* **Urbi et Orbi Daumenkino**
  *Bei Todsünden empfehlen wir die oftmalige (mehrmals täglich!) Anwendung in kniender Position.*
* **Glaubenspille**
  *Glaube ohne Zweifel.*
* **Papstkreuzraspeln**
  *frische Papstkreuzholz- und Eisenraspeln*
* **Benedettostangerl**
  *Salzstangengebäck*
* **Die roten Papstschuhe**
  *Schlüsselanhänger aus Holz*
* **Papstrasen**

## Prinzessin von Thailand

Diese war 2010 zu Gast in der Historischen Wurstkuchl. Mehrere Bodygards und eine persönliche Assistentin hat sie dabeigehabt. Als sie auf die **Toilette** musste, erzählt der Wirt der Wurstkuchl, hat ihre Assistentin das Örtchen mit Blumen geschmückt und Parfüms verspritzt.

**Ihr Pudel trug Schuhe.**

# Pferdebus

Das erste Regensburger Omnibusunternehmen wurde im Mai 1891 vom Eisenhändler Michael Schwarz gegründet und benutzte als Antrieb Pferde. In jedem Pferdebus war **Platz für 8 Fahrgäste**. Insgesamt gab es drei Linien: zwischen Bahnhof und Wittelsbacherplatz, zwischen Bahnhof und Stadtamhof und zwischen Schlachthof und Frühlingsstraße. Leider wurde der Service nicht wie erwünscht angenommen und wurde nach einem halben Jahr im Spätherbst 1891 schon wieder eingestellt.

## Preißn-Halbe

→ Bier-Maßeinheit, verächtlicher Ausdruck für die betrügerisch angehauchte 0,4l-»Halbe«, die auf den ersten Blick wie eine echte → Halbe aussieht. »Da gehmer nimmer hin, die haben nur Preißn-Halbe gehabt!«

# POPMUSIK

**a) Song:** Die Go-Betweens schrieben in dem Song »Here comes a City« eine Textzeile über einen Vorort von Regensburg: **»Etterzhausen, Frankfurt Central, here comes a city and why do people who read Dostoevsky always look like Dostoevsky?«**

**b) Verbot von Popmusik:** Der damalige Bischof Gerhard Ludwig Müller hat sich 2010 dagegen ausgesprochen, nicht-liturgische Musik bei Trauungen zu spielen. Ein Paar wünschte sich *»I'll be there«* von Michael Jackson, Müller empfahl Lieder aus dem Gotteslob. Später ruderte das Bistum wieder zurück: Es soll den religiösen Riten angepasste Musik gespielt werden.

# Regensburg in seiner Eigentlichkeit

## Fläche und Höhe

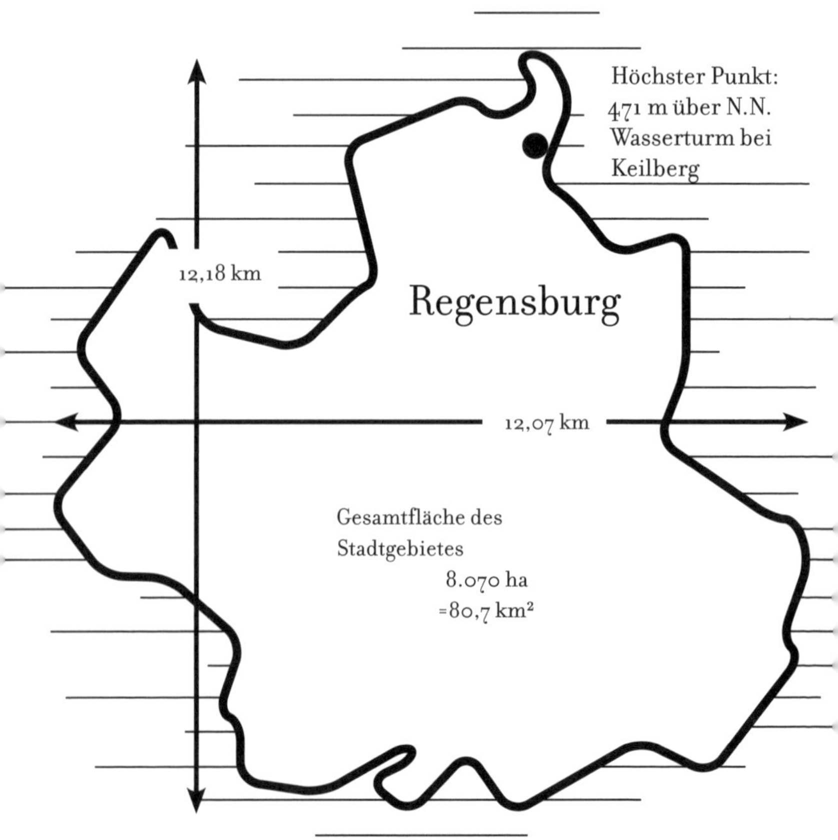

# Regensburg – woher kommt der Name?

Eine der vielen Theorien, wie der Name »Regensburg« zustande gekommen sein könnte, beschreibt die bekannte Sagensammlerin Emmi Böck so: »Castra Regina« steht für **»Lager am Regen«**, das war ein römisches Legionslager ab 179 n. Chr.. Zu einer Zeit, als es noch keine Brücke über die Donau gab, nannten die dort wohnenden Heiden den Ort »die Stadt der Quadratischen Steine«. Karl der Große nahm die Stadt über die Donau mittels einer eigens errichteten Schiffsbrücke ein. Er nannte die Stadt dann »Ratisbona« – »per rates bonas« , also »mit tüchtigen Booten«.

## Liste aller Namen, die die Stadt und ihre Vorläufer an selber Stelle schon getragen haben:

Augusta Tiberii,
Civitas Quadratorum Lapidum,
Die Viereckige Stadt,
Germanisheim
Germansheim
Hermannsheim
Hermena
Hermenia
Hyaspolis
Hyatopolis
Imbripolis
Ingramshain
Norix
Quadrata
Ratisbona
Regelsburg
Regenpurg
Regenpyrg
Reginopolis
Rengspurg
Stadt der Viereckigen Steine
Tiberia
Tiberina
Tibernia
Tiburnia
Tyberia
Tyburnia

## REGENSBURGER VARIANTE

Die Regensburger Variante des Oldenburger Kinder-Reimtests (OLKI) ist ein sprachsimulierendes Störgeräusch bei Kindern mit Hörgeräten.

## RADI

Weichser Radi war seit 1870 bis zur Teilung Deutschlands ein Verkaufsschlager auch in Berlin. Die Gärtnerei Hauer hatte in der Zentralmarkthalle von Berlin einen eigenen Stand. Weichser Rettiche sind die **»Krone unter den Rettichen«**, denn nirgendwo gedeiht die Wurzel so gut wie im sandigen Boden von Weichs. → Radi Radi: Auf den berühmten Weichser Radi zurückzuführenden Regensburger Faschings-Ruf.

## Gruselige Reliquien

Gruselige Körperteile oder heilige Stücke, die es in Regensburg gibt: Unverweste → Hand → Erhardi-Haupt

## *Ratzi*, der

**a)** Verniedlichung des Namens von Kardinal Ratzinger und eventuell auch noch Papst Benedikt XVI. **b)** archäologischer Fund → Druidenfürst

# Regierung der Oberpfalz

Regensburg ist Sitz der Regierung der Oberpfalz, doch bekommt man wenig mit, was diese eigentlich den ganzen Tag so macht. Drum an dieser Stelle eine Selbstbeschreibung der Regierung:

| | |
|---|---|
| Aufgaben | Die Regierung erfüllt Aufgaben aus den Geschäftsbereichen fast aller bayerischen Staatsministerien. Sie versteht sich als **Kompetenzzentrum** zur Bündelung und Koordinierung der verschiedensten Interessen. Außerdem berät sie in **Rechts- und Fachangelegenheiten** und fördert private und öffentliche Vorhaben. |
| Mitarbeiter | ca. 600 Beschäftigte |
| Weitere (überregionale) Einzelaufgaben | Erteilt für das gesamte Bundesgebiet die Güterverkehrstransitgenehmigungen für Fahrten in verschiedene **südosteuropäische Länder**, führt die **Fahrschulüberwachung** für Bayern durch, ist für ganz Bayern zuständig im Amts- und Rechtshilfeverkehr mit dem Ausland. |

## Regensburger
(die Wurst)

heißt in Regensburg

→ Knacker

## *Rentner-Halbe*, *die*

→ Bier-Maßeinheit,
alles unter einem halben Liter,
0,33l oder 0,25l.

*»Eine Rentner-Halbe kannst mittags schon trinken!«*

## Die Rogel

*ist eine Papiertüte,*

*aber nicht spitz zulaufend,*

*im Gegensatz zur Stranitzen.*

# Reinhausen

liegt gegenüber von Steinweg am Regen. Der Name bedeutet »Häuser am Regen«: Reginhusen hieß es um 1007 n.Chr. Andere Schreibweisen waren noch Raynhausen, Ranhausen, Ränhausen, Rainhausen.

ES GIBT DIE GESCHICHTE, DASS REINHAUSEN EIN POSTAMT WOLLTE…

Der zuständige Postdirektor war wohl Etymologe, denn er schrieb dem Bürgermeister, dass die damals gebräuchliche Schreibweise »Rainhausen« falsch sei, schließlich komme es von »Reginhusen«. Solange sich der Ort nicht richtig schreibe, bekomme er kein Postamt. 1887 bekam Rainhausen eine Post mit Poststempel »Reinhausen«.

# Richtungen

| *Von mir weg!* | *Zu mir her!* | | |
|---|---|---|---|
| **hinte** | **hinta** | nach hinten |  |
| **fire** | **fira** | nach vorn |  |
| **affe** | **affa** | nach oben |  |
| **obe** | **oba** | nach unten |  |
| **umme** | **umma** | hinüber |  |

## Sausage here

Ich habe mal einen Stadtplan auf der Straße gefunden, in dem eine einzige treffende handschriftliche Anmerkung stand mit einem Kringel um die → Wurstkuchl: »Sausage here!«

## SCHLOSS EMMERAM, EINIGE ZIMMER

PRUNKVOLLES MARMOR-TREPPENHAUS

WINTERGARTEN

BALLSAAL

BLAUES KABINETT

SCHLAFGEMACH DER FÜRSTIN THERESE MIT SCHWANENBETT

HAUSKAPELLE

KREUZGANG

GRUFTKAPELLE

DER MARSTALL

GOBELINSALON

GRÜNES ESSZIMMER

SPIEGELZIMMER

TAFELSAAL

LILA ZIMMER

ROTER SALON

BLAUER SALON

FESTSAAL

## Sallern-Gallingkofen

liegt östlich des Regens und nördlich von → Reinhausen. Der Name kommt aus der Sprache der Illyrer, die ca. 500 v.Chr. schon dort gesiedelt haben. »Salaria« heißt soviel wie »Leute am Fluß«.

## Salutaris

Der einzige wirkliche Regensburger Wein. Er wird von der Stadt zu Geburtstagen an über **90-Jährige** verschenkt oder auf wichtigen Stadtempfängen den Gästen kredenzt. Böse Zungen behaupten, dass zumindest einige Jahrgänge eigentlich fast ungenießbar wären. Die Jubilare freuen sich aber bestimmt trotzdem! → Bach

# SANDFRAUEN

»Sandfrauen«, das klingt ein bisschen nach »Krieg der Sterne«… Die Schwabelweiser Sandfrauen stellten früher aus den Abfällen der Kalksteinbrüche sogenannten »Fegsand« her, den sie bis zum ersten Weltkrieg am Krauterermarkt verkauften.

**Fegsand war ein feiner Sand, der zur Reinigung von Holz- und Steinfußböden, -tischen usw. verwendet wurde.**

# EINIGE SCHIMPF-WÖRTER!!

*Situationsbedingte Schimpfwörter*

HIMMLKREIZKRUZIFIXKRUZIFIX!
HUNDSGLUMP, VERRECKTS!
KRUZITÜRKEN
SAKRATI!
ZEFIX!

*Auf Personen bezogene Schimpfwörter*

DRAK!
GSCHAFTLHUABA!
GSCHERTER HUND!
HACHT!
HACKL!
HALLODRI!
HANSWURSCHT!
LUMP!
MATZ!
SPRINGGINKERL!

## *Schoppen, der*

kommt von »schöpfen«, in Süddeutschland ein Viertelliter (0,25l), eine meist für Wein verwendete Maßeinheit, beim Bier wird ein viertel Liter oft → Rentner-Halbe genannt.

## Schindler, Oskar

Rettete während des Zweiten Weltkrieges etwa 1200 jüdische Zwangsarbeiter vor der Ermordung. Er lebte von November 1945 bis Mai 1950 in Regensburg.

## Brief vom Hans Schaidinger höchstpersönlich

Ein Brief flatterte 2011 in einige Briefkästen. Der Oberbürgermeister persönlich forderte die Bürger auf, ihm mitzuteilen, wie man in Regensburg die Politik verbessern könne – 30 Euro bekäme ein jeder dafür. Das Schreiben zierte das Stadtlogo und Hans Schaidingers Unterschrift. Nur leider war die Sache nicht echt, jemand hatte sich einen Spaß erlaubt.

Die Stadt stellte Anzeige gegen Unbekannt.

# BESONDERE STRASSENNAMEN

## Schuh-macher

Richard Eckert und seine Frau Anna betreiben seit 1958 einen Schuhmacher-Laden im Souterrain der Ortnergasse 8. Als der Oberbürgermeister Hans Schaidinger am 11. Juni 2010 zur **Diamantenen Hochzeit** direkt in ihrem Betrieb vorbeikam, merkte er an, dass es sehr selten vorkomme, ein so hohes Jubiläum in der Arbeit zu feiern.

## Schnapsidee

Eine Idee, der man eine gewisse Originalität zwar nicht absprechen kann, die aber den Verdacht auf sich zieht, am Biertisch entstanden zu sein und so klingt, als ob nichts Rechtes aus ihr werden könne.

## der Senft

hochdeutsch: Senf; Regensburg ist süß-Senf-dominiert. Ob bei der Historischen ->Wurstkuchl, die ihren Senf selber macht, oder dem weltberühmten ->Händlmaiersenf

## Schwabelweis

liegt zwischen Keilberg und Tegernheim. Der hintere Teil der alten Schreibweise »Swabelwis«, also »wis« bedeutet »Dorf«. Swabelwis bedeutet also, dass das Dorf von einem gewissen Herrn namens **Swabilo** gegründet wurde.

## Schmu, der

Unkorrektheit, **kleine Betrügerei**, unlauterer Vorteil; »Schmugeld«. »Geh 'mer aufd Dult – i hob no a weng an Schmu«. Aus dem Hebräisch-Jiddischem, übers Rotwelsche vermittelt.

## *a Schweiners, das Schweinerne*

Kurz für »Schweinebraten«.
*»Sonntag Mittag ein Trumm Schweiners vom Kneitinger – mit Knödeln.«*

# DER SCHWAMMERL

Bei dem hübschen pilzförmigen Gebäude im Bahnhofspark handelt es sich um eine in den 1950er Jahren von der Firma Hermann Waldner aus Wangen erbaute »**Milchstube**«. Diese Milchpilze gab es in Serienproduktion, einer kostete inclusive Eismaschine und Sahnezapfer 6.600 DM. Der Schwammerl in Regensburg ist einer der wenigen übriggebliebenen deutschlandweit – ein echtes Wahrzeichen Regensburgs!

**Der Schwammerl steht am Anfang der Fürst-Anselm-Allee in der Nähe des Hauptbahnhofs**

# Putte mit sechs Fingern

Die Putte mit den sechs Fingern war einmal ein sehr bekanntes Wahrzeichen von Regensburg. Heute ist sie nicht mehr so bekannt, da der **Kurfürstenbrunnen** auf dem sie abgebildet ist 1888 von der Fürstlichen Reitschule auf den **Schlosshof des Fürstlichen Schlosses** versetzt wurde. Der Bildhauer hatte dem Engelchen an dessen linker Hand sechs Finger geschenkt, als Andenken an ein totes Kind, das einmal in diesem Brunnen aufgefunden wurde. Dieses hatte auch sechs Finger.

**Siri**, der,
auch *Seier, Stich, Räuscherl*: kleiner Rausch.

Stärker:
**Zinterer**, *der*

# Stadtbezirke

Es gibt 18 Stadtbezirke, die teilweise aus mehreren Unterbezirken bestehen. Jeder von ihnen ist der Name eines alten Stadtteils oder Vororts:

| | |
|---|---|
| 01 | Innenstadt |
| 02 | → Stadtamhof |
| 03 | → Steinweg-<br>→ Pfaffenstein |
| 04 | → Sallern-<br>Gallingkofen |
| 05 | → Konradsiedlung-<br>Wutzlhofen |
| 06 | → Brandlberg-<br>→ Keilberg |
| 07 | → Reinhausen |
| 08 | → Weichs |
| 09 | → Schwabelweis |
| 10 | → Ostenviertel |
| 11 | → Kasernenviertel |
| 12 | → Galgenberg |
| 13 | → Kumpfmühl-<br>→ Ziegetsdorf-<br>Neuprüll |
| 14 | → Großprüfening<br>→ Dechbetten<br>→ Königswiesen |
| 15 | → Westenviertel |
| 16 | → Ober-/Nieder-<br>winzer-Kager |
| 17 | → Oberisling-<br>Leoprechting-Graß |
| 18 | → Burgweinting-<br>Harting |

# SERIENMÖRDER

In Regensburg gab es einen Serienmörder, der von 1984 bis zu seiner Verurteilung 1995 in Regensburg lebte. Seitdem sitzt er eine lebenslange Haft in der Justizvollzugsanstalt Straubing ab.
Er wohnte im Kirschgässchen im Osten Regensburgs und war in der Gegend auch bei vielen Leuten bekannt, man grüßte sich. Seine **Opfer** waren: In den Neunzehnhundertsiebziger Jahren zwei Prostituierte bei Ausflügen nach München und 18 Jahre später in Regensburg seine Vermieterin und vier Rentnerinnen, bei denen er als Hilfskraft zuhause arbeitete. Er hat sieben Morde gestanden, es wird aber angenommen, dass er noch weitere begangen hat. Die Morde fanden **bei den Damen zuhause** statt und er ließ sie wie Haushaltsunfälle aussehen.

Über ihn gibt es ein Buch »Rudolf Schröck: Der Biedermann.« (Rudolf Schröck ist ein Pseudonym) und einen Film »Der Mann, dem die Frauen vertrauten«.

# *Spruz, der*

(geht auf »spritzen« zurück) anderswo auch Schnitt oder Pfiff genannt. → Biermaßeinheit, die als letztes Getränk vor dem Heimgehen bestellt wird. Wenn man vorher schon etwas konsumiert hat, sollte der Spruz eigentlich kostenlos sein. Für den Spruz wird in ein Halbe-Glas Bier ohne Rücksicht auf die Schaumbildung eingeschenkt und wenn der Schaum zusammenfällt, hofft man, dass es ungefähr ein halbes Glas ergibt. Nicht zu verwechseln mit dem → Noagerl, denn ein Spruz ist immer frisch eingeschenkt!

## Stadelmeyer, Gerd

Es gibt verschiedene besch
bende Namen »Batzen-Ge
»Gin-Tonic-Gerd«, *1950; †20
War einer der bekanntesten
gensburger Gesichter. Nach
ner eigenen Überzeugung lit
an einer Krebserkrankung,
hinten rechts am Hals eine rie
**Beule** wachsen ließ. Er mus
seinen Wohnsitz aufgeben,
nach seinen Angaben der i
elische Auslandsgeheimdie
»Mossad« hinter ihm her
darum übernachtete er oft an
Uni. Am Tag hielt er sich in d
Glaskasten an der Schotten
che auf.

# STADTAMHOF

Stadtteil von Regensburg am anderen Ende der → Steinernen Brücke. War bis zum 1. April 1924 eine eigene Stadt. Früher herrschte eine grundsätzliche Abneigung zwischen Regensburgern und Stadtamhoferern. Ehen zwischen diesen beiden Bevölkerungen waren nicht erwünscht. Herkunft des Namens: 981 erstmals als Schierstadt (Scierstadt) erwähnt. Das heißt wohl soviel wie »**Hof eines Skiren**«. Die Skiren waren ein Volk, das in den Bayern aufging. Nach dem Bau der Steinernen Brücke hieß der Stadtteil dann »An der Stetten«, »Vorstadt am Hof« und schließlich »Bairische Grenzstadt Stadtamhof«.

# EINIGE ZITATE
## ÜBER REGENSBURG

*»Die nördlichste Stadt Italiens«*
(Journalistendeutsch),

*»little Italy«*
(ebenso)

*»Regensburg ist reich an Geschicken, reich an Schätzen, reich an Legenden«*
(Werner Bergengruen),

*»Ungeheure Truhe voll Merkwürdigkeiten«*
(Jacob Burckhardt)

*»Kloake der Welt«*
(→Bemelmans)

*»Wie hasse ich diese mittelgroßen Städte mit ihren berühmten Baudenkmälern, von welchen sich ihre Bewohner lebenslänglich verunstalten lassen ... Salzburg, Augsburg, Regensburg, Würzburg, ich hasse sie alle, weil in ihnen jahrhundertelang der Stumpfsinn warmgestellt ist«*
(Thomas Bernhard)

## Spinner von Weichs

Illustere Stammtischrunde aus dem Stadtnorden, denen der normale zeitliche Verlauf des Brauchtums zuwider ist. Lieber im Sommer einen Christbaum, im Winter ein Sommernachtsfest.

# die Stadtmagazine:

**Gastbeitrag von Stefan Aigner**
**www.regensburg-digital.de**

Ja, Regensburg ist mit kostenlosen Monatsblättern geradezu gesegnet. Da gibt es die **Stadtzeitung** des Veranstaltungsunternehmers Peter Kittel. Dort werden treue Anzeigenkunden mit freundlicher Berichterstattung belohnt, weniger treue ins „Mega-Out" geschrieben. Dort werden Sozialbürgermeister Joachim Wolbergs und Kulturreferent Klemens Unger in schöner Regelmäßigkeit, meist mit dem schweren Säbel, abgewatscht und dort wird die CSU um Franz Rieger über den Schellnkönig gelobt. Auch das ist Dank für einen treuen Kunden: Kittel war Riegers „Wahlkampfmanager".

Da gibt es das **kulturjournal**. Das kommt auf Zeitungspapier daher, wartet tatsächlich mit einem gewissen redaktionellen Anteil auf, der sich sehen lassen kann, und bietet sogar englische Übersetzungen für unsere Gäste aus dem Ausland.

Da gibt es den **Filter**, mittlerweile das älteste derartige Magazin in Regensburg. Jüngst hat man seine 100. Ausgabe präsentiert und im Editorial hat Herausgeber Nick Lengfellner mal schnell den Konkurrenten und allen, die es wissen wollen, erklärt: „We´re the best – fuck the rest!" Und tatsächlich: Buntes Hochglanzpapier, Partybilder sonder Zahl und ein Veranstaltungskalender, den nur Miesmacher als lückenhaft bezeichnen würden. Der Kenner weiß: Hier wird sorgfältig Ausgewähltes präsentiert. Das Beste: Es sind – mit zunehmendem Alter des Filter – allenfalls Spuren von echter Redaktion vorhanden. PR bzw. „Sonderveröffentlichungen" prägen das Bild und all zu oft korrespondiert mancher Bericht auffällig mit den geschalteten Anzeigen.

So etwas macht Schule: Flugs gab es Konkurrenzprodukte wie **port01** oder **Hugo**, die lediglich das Format geändert, ansonsten aber allenfalls die bewährte bunt bebilderte Inhaltslosigkeit noch verbessert haben: Dort wurde echte Redaktion vollständig getilgt.

Geld scheint sich mit solchen Produkten verdienen zu lassen, und so war es nur eine Frage der Zeit, bis auch der Monopolist auf den Plan trat.

2009 warf die Mittelbayerische Verlagsgesellschaft das Magazin **kult** auf den Markt – mit viel Enthusiasmus, etlichen selbst verteilten Vorschusslorbeeren, vermeintlicher Marktmacht und ohne jede neue Idee. Ebenso wie die anderen Magazine war *kult* schön bunt. Überraschenderweise fanden sich auch viele Partybilder darin, und ebenso bot *kult* einen lückenhaften – pardon: ausgewählten – Veranstaltungskalender. Ein kostenloses Monatsblättchen, nicht schlechter und nicht besser als die übrige Hochglanzflut, die in Kneipen und Gaststätten allmonatlich auf den Zigarettenautomaten vor sich hin gammelt. Verschenktes Potential angesichts der finanziellen Möglichkeiten des MZ-Verlags. 2011 wurde *kult* eingestellt.

Erwähnenswert ist schließlich noch das **Regensburger Altstadtbladl**. Das erscheint mal monatlich, mal zweimonatlich, geriert sich als traditionsbewusst und heimatverbunden und schert sich entsprechend nur wenig um Zeichensetzung, Orthographie oder ähnlich unnötige Vorschriften der deutschen Sprache. Neben den unfreiwillig komischen Artikeln ist es vollgepfropft mit Anzeigen und jeder Menge PR. Eine Skurrilität, wie man sie selten in anderen Städten findet und allein schon deshalb lesenswert – am besten laut in der Kneipe zum Vortrag zu bringen.

Nicht näher beschreiben muss man die ebenfalls periodisch erscheinenden Magazine **tagespunkt**, **mampa**, **Beste Jahre** oder **aktiv und gesund**. Es sind gleichfalls kostenlose Publikationen, ohne nennenswerten redaktionellen Anteil, aber mit viel PR. Sie richten sich an verschiedene Zielgruppen – Manager/ Wirtschaftsinteressierte, Familien, Senioren, Gesundheitsfanatiker – und versuchen darüber, den restlichen Anzeigenmarkt in Regensburg abzugrasen. Wie es scheint, erfolgreich. Gerüchte, denen zufolge sie ihre Redaktionen in langwierigen Verhandlungen von SZ, FAZ und Welt abgeworben haben, kann man getrost ins Reich der Fabel verweisen.

*»Was Leichtes für den Friseur, wenn der Haarschnitt nicht all zu lange dauert. Ein echter Segen.«*

# DIE STEINERNE BRÜCKE

**Zwei kämpfende Hähne** an der Innenseite der Brüstung ↓

**Basilisk** an der Rückseite des Pfeilers ↓

☞ **Stadtamhof**

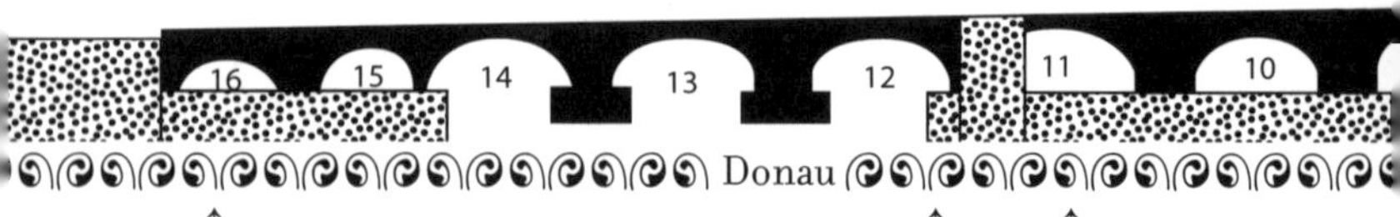


↑ **Ufer** beim Spital

↑ **Abfahrt** auf den Oberen Wöhrd

↑ **Jahninsel** Oberer Wöhrd

*Ansicht von Westen (=oberstrom)*

Gesamtlänge: 308,71 m

| | |
|---|---|
| **Name:** | Steinerne Brücke zu Regensburg |
| **Baujahre** | 1135 bis 1146, also nur 11 Jahre |
| **Baumeister** | unbekannt |
| **Auftraggeber** | reiche Regensburger Kaufleute unter Förderung des Bayernherzoges Heinrich des Stolzen |
| **Bögen** | 16 – davon sind nur noch 15 sichtbar |
| **Pfeiler** | 15 |
| **Geschätzte Baumasse** | 100.000 Tonnen |

**Bruckmandl**
auf der Brüstung am höchsten Punkt der Brücke (schauen Sie durch die Lupe!)
↓

**Regensburg** ☞

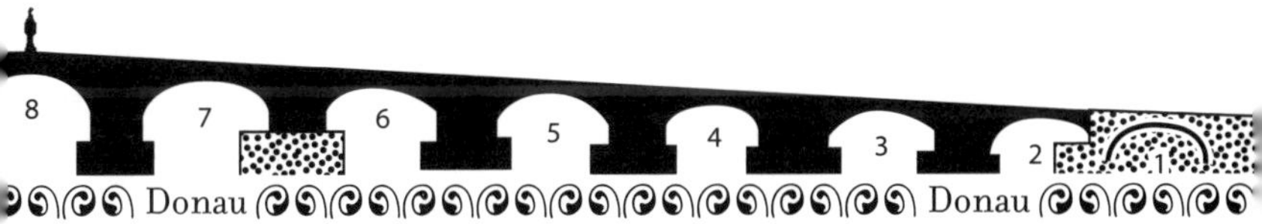


↑ **Das Beschlächt.** Der Steinwall, der unter der Brücke hindurchführt und Unteren mit Oberen Wöhrd verbindet, nennt sich »Das Beschlächt«, eigentlich »Hammer-Beschlächt«. Die schiffförmigen Bauten um die Pfeiler der Brücke heißen auch Beschlächte.

↑ **Auffahrt** beim Salzstadel, der 1. Bogen ist zugeschüttet

# Die Sage von der Steinernen Brücke

*»Der Baumeister der Brücke hatte mit dem Baumeister des Domes einen Bund gemacht, dass derjenige, welcher sein Bauwerk eher vollenden würde, das Recht haben solle, den anderen mit einer* **willkürlichen Strafe** *zu belegen.*

*Um die Wette nicht zu verlieren, traf der Erstere mit dem obersten unter den Teufeln einen geheimen Vertrag, worin er demselben die ersten drei Seelen verschrieb, welche nach Vollendung der Brücke daselbst erscheinen würden, wogegen sich dieser verbindlich machte, ihm zu dem Baue die nöthige Hülfe zu leisten.*

*Unbegreiflich schnell erhob sich auch wirklich, unter der Beihülfe des bösen Geistes, das stattliche Werk und nach dem kurzen Zeitraume von 11 Jahren war es vollendet. Um nun seinen Gegner vor der Welt zu brandmarken ließ der Baumeister der Brücke das Bild seines Lehrlings, in Stein gehauen, gegen die Domkirche gerichtet und dem Baumeister der Kirche die Feige zeigend, auf einem Postamente aufstellen, worüber sich dieser so entrüstete, dass er sich von der Zinne der Kirche hinabstürzte.*

*Doch auch dem* **Satan** *wusste der schlaue Baumeister der Brücke eine List zu spielen. – Da in dem Vertrage nicht ausdücklich drei Seelen von Menschen bedungen waren, ließ er zuerst drei andere Geschöpfe, nämlich zwei Hähne und einen Hund über die Brücke gehen, mit welchem sich der entrüstete Geist auch begnügen musste, und die er im wilden Zorne mit sich fortnahm!«*

*(Aus »Die Steinerne Brücke« Museums Bibliothek Regensburg)*

# ...und die (mögliche) Wahrheit

Die → Sage der Steinernen Brücke stimmt natürlich nicht: Die Brücke wurde 1146 fertiggestellt, und da der Bau des Doms erst **rund hundert Jahre später** begann, war ein Wettbewerb zwischen beiden Baumeistern unmöglich.

Doch was ist mit der Mithilfe des Teufels am Bau der Brücke? Der wahre Kern von Sagen ist oft versteckt hinter Umschreibungen und anderen Geheimnistuereien: Über den Bauherrn der Brücke steht in dem unten genannten Aufsatz aus dem Museum Regensburg »Die Steinerne Brücke«: »*Bei dem gänzlichen Mangel schriftlicher Documente über die Führung des Baues der steinernen Brücke lässt sich freilich in dieser Beziehung auch noch heut zu Tage mit Zuverlässigkeit und Gewissheit nichts anführen.*« Aha! Als Bau-Trupp der Brücke war vermutlich eine **»Bau-Corporation«** tätig, von denen »*Domkirchen zu Cöln, Mailand, Münster und dem Thurm zu Strassburg und überhaupt alle jene zahlreichen zum Theil riesenhaften Werke des Mittelalters ihr Daseyn erhalten*« *hatten*. In so einem aus aller Welt zusammengetragenen Spezialisten-Team waren natürlich viele, die aus kirchlicher Sicht »Ketzer« waren. Der Teufel, der in der Sage als Bauhelfer auftritt, ist also wahrscheinlich eine Umschreibung solch einer illusteren internationalen Runde von Experten, die der Bevölkerung nicht ganz geheuer war.

*(Zitate aus »Die Steinerne Brücke« Museums Bibliothek Regensburg)*

# Steinweg

Stadtbezirk zwischen Dreifaltigkeitsberg und Stadtamhof. Eine Besonderheit ist die Aussprache: Betonung auf die *zweite* Silbe »-weg«. Der Name rührt wahrscheinlich daher, dass nach dem Bau der Steinernen Brücke die wichtige Ausfallstraße durch das heutige Steinweg so viel benutzt war, dass sie mit Steinen gepflastert wurde, damals eine Besonderheit.

# Franz Josef STRAUSS

Der urig umstrittene Bayerische Ministerpräsident starb am 3. Oktobcr 1988 im Regensburger Krankenhaus der Barmherzigen Brüder. Er war vorher auch Bundesminister für besondere Aufgaben, Bundesminister für Atomfragen, Bundesminister der Verteidigung und Bundesminister der Finanzen und 1980 Kanzlerkandidat der CSU gegen Helmut Schmidt. Am 1. Oktober 1988 traf Strauß mit einem Hubschrauber in Regensburg ein.

Er kam vom Oktoberfest und wollte an einer **Hirschjagd** von Johannes von Thurn und Taxis teilnehmen. Beim Aussteigen aus dem Hubschrauber brach FJS zusammen, erbrach sich und aspirierte einen Teil des Erbrochcncn. Einc Notopcration im Krankenhaus der Barmherzigen Brüder konnte sein Leben nicht mehr retten, so starb er in Regensburg, wurde in der Krankenhaus-Kapelle aufgebahrt und bald darauf nach München überführt. Auf der Beerdigung sagte Kardinal Ratzinger, der spätere **Papst Benedikt XVI**, über den Toten:

*»Er hat wie eine Eiche gelebt. Und er wurde wie eine Eiche gefällt.«*

...was auch immer das bedeuten mag.

# Touristen

Liste der Wahrzeichen in absteigender Besichtigungs-Wahrscheinlichkeit

wahrscheinlich

**Dom** von außen

**Steinerne Brücke**

**Wurstkuchl** im Vorbeigehen gesehen

**Wurstkuchl** mit Essen und Trinken

**Dom** von innen

Schifffahrt zur **Walhalla**

Besichtigen der **Porta Praetoria**

**Folterkammer** im Rathaus

**Rundgang durch die Stadt** mit mittelalterlich gekleideten Schauspielern

**Rundgang durch die Stadt** mit normal gekleidetem Touristenführer

unwahrscheinlich

# Tunnel, kürzester

Der **Felstortunnel**, 1870 gebaut, war ein Bahn-Tunnel bei Etterzhausen und zwar der kürzeste Tunnel Deutschlands: nämlich 16 Meter lang. Am 31. Mai 2010 wurde er gesprengt, da der Unterhalt nach Angaben der Bahn bei etwa 25.000 Euro pro Jahr lag. Man sieht noch die Überreste des Tunnels stadtauswärts kurz vor Etterzhausen gegenüber dem Steinbruch.

# Strichemaler

In den 80ern und frühen 90ern waren oft weiße Striche auf dem Bürgersteig zu sehen, die kreuz und quer durch die ganze Stadt führten. Ein Unbekannter ist mit einem **Farbkübel mit Loch** drin spazieren gegangen, um ein Kunstwerk zu erschaffen. Die Striche waren lange noch zu sehen, mittlerweile sind sie aber fast alle verschwunden.

# Täfelchen, komische

Was sind das eigentlich für komische Täfelchen? Die **76 Metalltafeln** hat die Künstlerin Maria Maier zum 750-jährigen Stadtjubiläum 1995 gestaltet. Sie stellen die Grundrisse wichtiger Denkmäler dar.

# Tonner, Winfried

Bildender Künstler. 1986 wünschte sich die → Fürstin ein Bild vom Tonner. Als der Künstler nach Fertigstellung des Gemäldes den Preis (70.000 DM, also ungefähr 35.000 EUR) nannte, **»hat die Fürstin schon ein bisserl geschaut«**, so Tonner. Sie lehnte das Bild ab und der Künstler behielt das Kunstwerk selber.

# Tatze im Pflaster

Am Ende und am Anfang der Schwarzen Bären Straße liegt je ein Pflasterstein mit einem **Bärentatzenabdruck**. Manche meinen, es sei der Fußabdruck des Teufels. Klar ist, es handelt sich um eine Anspielung auf den Namen der Straße, der auf eine frühere Gaststätte in der Gasse zurückgeht. Wenn man weiter forscht, findet man heraus, dass es sich beim Schwarzen Bären um das Attribut des Hl. Gallus handelt, dessen gleichnamige Kapelle direkt neben dem heutigen Metzger lag. Meine Recherchen haben mich bis zu Werner Lautenschläger geführt. Dieser betreute 1974 die Umgestaltung der Schwarzen-Bären-Straße zur ersten Fußgängerzone Regensburgs. Der Umbau der Straße war in vollem Gange, da hatte Lautenschläger einen »launigen Einfall«: Er wollte in zwei der Pflasterplatten eine Bärentatze abbilden. **Mangels Bär benutzte er die Rückseite seiner Hand.** Das kann man selber überprüfen: Eine echte Tatze hat fünf Finger, die Regensburger nur vier. Die damaligen Beton-Platten mit dem Bärenabdruck wurden 1995 von Prof. Sigmund Entleutner wiederentdeckt und in eine Bronze- und ein Edelstahlversion verwandelt, die nun für die Ewigkeit konserviert sind.

*umera,* wichtige unpräzise Zeitangabe, in etwa »um herum«.
»Treffen wir uns umera zwoa beim Horten!«

# Uazin vergisst sich selbst

Aus Altenthann wird folgende Geschichte über eine gewisse Frau Uaz erzählt, die Elemente des **Dada und** des **Surrealismus** in sich vereint: Einmal war die Uazin auf der Wiese und klaubte Steine ab. Sie kam dabei ins Nachdenken und Sinnieren, und auf einmal wusste sie nicht mehr, ob sie wirklich die Uazin sei. Da lief sie geschwind heim zu ihrem Haus, schaute unten zum Fenster hinein und fragte die Kinder in der Stube: »Kinder, ist eure Mutter daheim?« »Nein«, sagten die Kinder, »die ist draußen auf der Wiese und klaubt Steine ab.« *»So, so«*, sagte die Uazin, *»ist schon recht, dann bin ich's schon.«* Und sie ging wieder auf die Wiese.

*(aus Gustl Motyka: »Sagen und Legenden aus dem Land um Regensburg«)*

# Vitusbach

Einst wichtige Wasserversorgung Regensburgs zum Feuerlöschen und zum Ausschwemmen von Unrat aus den Gassen. Der Bach verlief früher in mehreren Gassen offen durch Regensburg, zum Beispiel in der Oberen und Unteren Bachgasse. Der frühere Verlauf wurde von Karl Bauer (Literaturverzeichnis) so beschrieben: Er entspringt einer Quelle unter dem Chor der Klosterkirche Karthaus-Prüll, verläuft Richtung Bahngleise, wird darunter durchgeleitet, speist einen Entenweiher im fürstlichen Schlosspark und fließt über Obere- und Untere Bachgasse vorbei am Alten Rathaus, fließt kurze Weile Richtung Westen, biegt mit »**Gesause**« beim »Sausen-Eck« ab und mündet dann in dic Donau. Ab der Oberen Bachgasse gibt es mindestens eine östliche (Mündung in die Donau beim Stärzenbach) und eine westliche (über den Weißgerbergraben) Abzweigung. Über die Zeit wurden immer mehr Strecken des Vitusbaches in unterirdische Rohre verlegt. Heute existiert noch ein offener Verlauf zwischen Kleingärten in Kumpfmühl und einem privaten Garten westlich der Straße Am Mühlbach.

# Via Principalis

Die Schwarze-Bären-Straße und die Drei-Kronen-Gasse entsprechen der Hauptstraße »Via Principalis« der östlichen Lagerhälfte des Römerkastells Castra Regina.

**Viertel**

→ Stadtbezirke

# VORHÄNGESCHLOSS

Verliebte bringen seit 2010 Vorhängeschlösser am Geländer des Eisernen Stegs an und werfen beide Schlüssel in die Donau oder jeder der beiden nimmt einen mit sich. Seit 2011 auch am Grieser Steg.

## Vergleich von zwei hohen Gebäuden

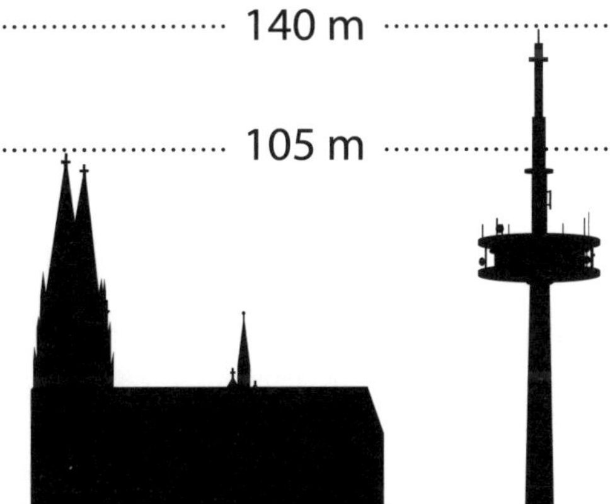

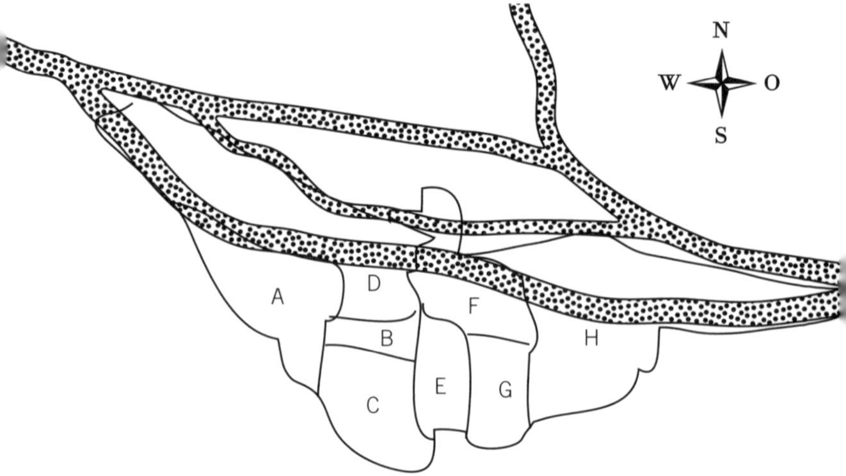


# DIE WACHTEN

Wenn man in der Altstadt von Regensburg wohnt, ist es interessant zu wissen, in welcher »Wacht«. Die Wachten sind alte Bezeichnungen für die jeweiligen Viertel der Altstadt und jede hat ihren eigenen Charme.

An den meisten Hausnummern-Schildern sind noch die alten Wachten-Nummern mit drauf: Zum Beispiel: »D 50«: ein Haus also in der Donauwacht, in diesem Fall in der Sankt-Alban-Gasse. Die moderne Entsprechung zu den Wachten sind die → Stadtbezirke.

| | | |
|---|---|---|
| A | **Westnerwacht** | Im 12. Jahrhundert weite Grünflächen, seit dem Mittelalter geprägt durch Brauhäuser und dazugehörige Stadel. |
| B | **Schererwacht** | Mitte der sogenannten Arnulfischen Stadterweiterung, bürgerlich bewohntes Viertel. |
| C | **Wildwercher-wacht** | Dominiert durch St. Emmeram, also das Thurn und Taxis Schloss, Häuser für Handwerker des Klosters. |
| D | **Donauwacht** | Hier fand das Marktgeschehen statt: Kohlenmarkt, Fischmarkt, die Fleischhalle, Weinmarkt. Das alte Rathaus. |
| E | **Wahlenwacht** | Wacht um den Neupfarrplatz, bis zur Vertreibung im frühen 16. Jahrhundert jüdisches Ghetto. Im Süden Obermünster und das Mittelmünster (Jesuitengebäude). Im Osten waren große Bischofs- und Adelshöfe. |
| F | **Wittwanger-wacht** | Mittelalterlicher Dombezirk, Bischofshof und Niedermünster, nur wenige bürgerliche Grundstücke. Im Norden kleinteilige Wohnbebauung und häufig auch bischöfliche Wohngebäude. |
| G | **Pauluser-wacht** | Alter herzoglicher und kirchlicher Grund, direkter Nachfahre des römischen Innenkastells. Kornmarkt, Kapellen in Bischofs-, Klöster- und Stiftshöfen. |
| H | **Ostnerwacht** | Minoritenkloster, Kapuzinerkloster, viele Gewerbehöfe. Im Süden, also auf dem Wöhrd. Mühlen für Färber, Stadel, Ziegel- und Kalkbrennereien, Wachsbleiche und der Pesthof. |

# Wurs

MAN SAGT, DIE HÖCHSTE WURSTIGKEIT KANN EINEN NUR IN DER REGENSBURGER WURSTKUCHL ZUTEIL WERDEN.

Wenn Blutdurst
dir am Herzen nagt,
Vielleicht die Blutwurst
dir behagt.

Der, so die Knackwurst
einst erdacht,
hat Regensburg
berühmt gemacht.

Mag auch die Welt
einst untergehn:
Die Wurstküch' solln
sie lassen stehn!

Ersteinmal ist anzumerken, dass alles außer den Getränken und den → Kipferln im eigenen Haus hergestellt wird. Das heißt, die Würste werden in der hauseigenen Metzgerei morgens frisch gemacht und kommen wenig später ungebrüht auf den Holzkohlegrill. Es sind Schweinsbratwürstl aus **purem Hinterschinken**. Der Senf kommt auch aus der eigenen Küche. Vom Händlmaier unterscheidet er sich dadurch, dass er weniger süß und etwas schärfer ist, was auch am Meerrettich liegt, der mit drin ist. Die → Kipferl vom Schwarzer, die mindestens 100 Jahre schon fest zur Wurst dazugehören, passen besonders gut, weil sie durch den enthaltenen Kümmel die Wirkung des Sauerkrautes etwas dämpfen. Es hat also schon alles Hand und

# kuchl

Hier wird Keinem ein extra's Würstlein gebraten – hier sitzt Jeder, wer er auch sei, auf der hölzernen Bank, die viel zu hoch ist im Verhältnis zu dem Tisch und hält da seine Zehrung, frei von allem Zwang, ohne Tischtuch und Vorhängläpplein.

Fuß! Zu guter Letzt, das Sauerkraut: Die Wurstkuchl bzw. ihre Gäste verbrauchen gute 60 Tonnen davon im Jahr! Ziemlich sicher ist die Regensburger Wurstkuchl älter als das Pendant in Nürnberg. 1368 das erste Mal urkundlich erwähnt. Außerdem schmecken die Würste besser. → Prinzessin von Thailand, → Goethe.

Sie wird sogar für Potentaten nie extra eine Wurst gebraten.

Thu' klüglich deine Zeit
ermessen
Sie reicht dann auch
zum Bratwurst essen.

# Wirtshaussprüche

An den Wänden der Wirtshäuser sind einige erbauliche Sprüche angebracht, die teilweise den Genuss von Alkohol loben, rechtfertigen oder aber die Anwendung und Dosierung desselben erklären:

**Trink – aber sauf nicht**
**Disputier – aber rauf nicht.**

Im Kneitinger Keller am Galgenberg an der Wand

Es lehret uns die Wissenschaft
Was gut ist Durst zu stillen.
Im Wein liegt Wahrheit, im Bier die Kraft
Im Wasser schwim̄en die Bazillen.

Im Brandl-Bräu in der Ostengasse an einem Holzbalken

## WOLFGANG RUHL

Besitzt ein Archiv mit hunderttausenden Fotos von unzähligen Konzerten und Parties der letzten 30 Jahre, die er alle selber geschossen hat.

# Das Lied von der Regensburger Wurstküch

(zur Melodie »O Straßburg«)

O Regensburg, o Regensburg!
Du wunderschöne Stadt,
Die dreißigtausend Seelen
Und eine Wurstküch' hat!

O Wurstküch, oh Wurstküch!
Wer hat doch dich erdacht?
Dem sei zu tausend Malen
Ein donnernd' »Hoch!« gebracht.

O Donau, o Donau!
Wie herrlich ist dein Strand:
Wie wird man hier romantisch,
Die Bratwurst in der Hand!

O Bratwurst, o Bratwurst!
Du liebliches Gewächs:
Hoch lebe dein Erfinder,
Und hoch Gambrinus rex!

O Leberwurst! O Blunzen!
Auch ihr seid nicht von Blei,
Zumal wenn auch Botanik,
Wenn Sauerkraut dabei.

O Knackwurst, o Knackwurst!
Auch deiner sei gedacht,
Denn du hast Ratisbona,
So weltberühmt gemacht.

**(Aus »Das Büchlein von der Regensburger Wurstküche«)**

# Wundertäter, erfolgloser

Der Kapuzinerpater Markus de Aviano kam im September 1680 nach Regensburg, um als Wundertäter Kranke zu heilen. Viele Leute kamen zu ihm und **schnitten Stückchen von seiner Kutte ab**. Da sich aber kein Wunder zeigen wollte, beschloss er, bereits am nächsten Tag nach Neunburg weiterzureisen, um dort sein Glück zu versuchen.

# Walhallabockerl

Die Walhallabahn, auch Walhalla-Bockerl genannt, war eine Dampf-Straßenbahnlinie, die 1889-1960 zwischen Stadtamhof und Donaustauf/Wörth verkehrte. Die meiste Zeit von der Firma LAG betrieben, später von der Deutschen Bundesbahn. Der Firmenname wurde im Volksmund mit **»langsam, aber g'wiß«** oder **»lauter altes Glump«** umgedeutet. Von mehreren Zugmaschinen ist noch das Walhalla-Bockerl Nr. 62 der LAG übrig, die spätere 99 253 der DB, die in Stadtamhof in der Nähe der damaligen Haltestelle steht. Es gibt auch noch ein Gleisstück, das parallel zur Straße in Schwabelweis verläuft. Dieses ist jedoch nicht ganz original, es hatte früher eine dritte Schiene, da die Walhallabahn nur schmalspurig war.

**Das letzte Walhallabockerl findet man wie folgt: Gehen Sie über die Steinerne Brücke nach Stadtamhof, dann weiter geradeaus bis zum Stadtamhofer Tor. Schon sehen Sie die alte Dampflok!**

## Streckenverlauf der Walhallabahn:

| km | Haltestelle |
|---|---|
| 0,0 | Regensburg-Stadtamhof (bis 1933) |
| 0,4 | Regensburg Dultplatz (bis 1933) |
| 0,7 | zum Dachziegelwerk Zinstag (1900–1917) |
| 0,7 | Regensburg-Steinweg (bis 1918) |
| 0,9 | Regen |
| 1,0 | Regensburg-Reinhausen (bis 1933) |
| 1,4 | Regensburg-Reinhausen (ab 1933) |
| 2,3 | Regensburg-Weichs |
| 3,2 | Lokalbahnhof Walhallastr (ab 1892) |
| 3,5 | Regensburg Kalkwerke |
| 4,6 | Regensburg-Schwabelweis |
| 5,6 | Stauferfeld |
| 6,5 | Tegernheim |
| 8,9 | Donaustauf |
| 10,0 | Walhalla |
| 10,8 | zur Flussspat-Verladung |
| 11,4 | Sulzbach (Donau) |
| 12,5 | Demling-Steinbruch |
| 13,9 | Demling |
| 16,3 | Bach |
| 17,5 | Frengkofen |
| 19,0 | Kruckenberg |
| 22,0 | Wiesent |
| 23,4 | Wörth (Donau) |

# die Woche

Wochenzeitung aus Regensburg. 1968 aus der »Regensburger Woche« hervorgegangen, 1998 eingestellt.

## »die Woche« war u.a. zuständig für

- den gehobenen Stadtratsch
- die Kritik der höchsten Künste
- das Aufdecken von Affairen Großkopferter
- das Derblecken von G'scheithaferln, Ohrenbläsern und Schönfärbern
- das Frotzeln der Fürstin

## Das Woche-Team in seiner besten Zeit:

Ulrich Beer, Margit Freilinger, Horst Hanske (schoss die Titelmädchen!), Helmut Hein, Hanno Meier, Aron Papp, Harald Raab, Manfred Rohm, Günter Schießl, Rosi Thoma, Josef Titz.

# Walhalla

altnordisch »Valhöll«, **Wohnung der Gefallenen**. Ruhmeshalle oberhalb **Donaustauf** für berühmte Tote, denen mit Marmorbüsten und Gedenktafeln gehuldigt wird. Gestiftet 1842 von König Ludwig I.

1963 erlaubte sich das Satireblatt »Pardon« einen Jux: Ein Günter Grass aus Gips wurde neben dem Strahlenforscher Röntgen enthüllt. Er stand dort nur wenige Minuten.

2010 wurde Heinrich Heine quasi **gegen seinen Willen** aufgestellt, denn er hatte zu Lebzeiten nur Spott für das monumentale Gedenkbauwerk übrig: *»Bei Regensburg läßt er erbaun / Eine marmorne Schädelstätte / Und er hat höchstselbst für jeden Kopf / Verfertigt die Etikette«*

# Weichs

liegt östlich von Reinhausen. Markantestes modernes Baudenkmal ist das Donau-Einkaufszentrum, aber es ist auch noch das Schloss Weichs aus der Renaissance versteckt. Weichs ist berühmt für seinen Weichser → Radi. Der Name der Ortschaft kommt vom althochdeutschen Wort »wihs«, das einfach »Dorf« heißt. Das deutet darauf hin, dass die Siedlung auf eine Geschichte seit 500 n.Chr. zurückblicken kann. → Spinner von Weichs

# Wein

→ Bach
→ Salutaris
→ Weinbau

# Weinbau

Einst war Regensburg das Zentrum des Baierweins. Viele Südhänge an der Donau von → Winzer, über Bach an der Donau und Kruckenberg waren mit Wein bepflanzt und einige dürften schon von den Römern zum Weinanbau genutzt worden sein. Der bairische Geschichtsschreiber Aventin hierzu: »Der gemeine Mann auf den Gäu in Baiern sitzt Tag und Nacht beim Weine«. Erst der 30jährige Krieg von 1618 bis 1648 setzte dem Weinbau derartig zu, dass das → Bier Regensburg als Weingegend ablöste. Der Krieg dezimierte die Bevölkerung und viele Weinberge wurden zerstört. Bei Donaustauf waren 20 Jahre nach dem Krieg noch 110 Weinberge von Holz und Stauden zugewuchert.

# Weiße Frau

Die Weiße Frau von Wolfsegg, einer Ortschaft in der Nähe von Regensburg, ist eine Geister-Erscheinung oder Lichtgestalt, die in der Burg Wolfsegg umgeht. Hauptsächlich erscheint sie im **»Bösen Zimmer«**. Mit großer Wahrscheinlichkeit handelt es sich um Klara von Helfenstein, die Frau des Burgherrn Ulrich von Laaber. Der ließ sie **töten**, nachdem sie sich auf eine Liebschaft mit jemanden aus Heitzenhofen eingelassen hatte. In den 60er Jahren recherchierte die Zeitung »Die Regensburger → Woche« den Fall. Dazu reiste 1968 der New Yorker Parapsychologe Hans Holzer mit seinem Medium Edith Riedl aus Wien an , um mit der Lichtgestalt in Kontakt zu treten. Der Bericht Edith Riedls:

*»Das ist der böse Raum. Hier ist ein Mord geschehen. Ich sehe Männer in mittelalterlicher Kleidung. Am Fenster sitzt eine junge Frau. Sie hat Angst vor den Männern, die auf sie zugehen. Einer ist ihr Ehemann, die beiden anderen sind Gehilfen. Sie werfen die Frau zu Boden, einer sticht sie mit dem Messer nieder.«*

# Regensburger Wurstsalat

## Zutaten für 4 Personen

*8 Regensburger Knacker*
*3 große Zwiebeln*
*Weißweinessig (kein Balsamico)*
*Öl (z.B. Rapsöl, kein Olivenöl)*
*6 EL Wasser*
*Salz*
*Pfeffer aus der Mühle*
*1 TL scharfer Senf*
*Prise Zucker*

**1** Knackwürste schälen und in 3-4mm dicke Scheiben schneiden. Zwiebeln schälen und in Ringe schneiden.

**2** Aus Essig, Öl, Wasser, Salz, Pfeffer, Senf und Zucker eine Salatsoße rühren. Zwiebel- und Wurstscheiben darin marinieren. Kann auch im Kühlschrank eine Stunde durchziehen.

**3** Den Wurstsalat in Suppentellern anrichten. Darüber kann man noch Schnittlauch streuen, Radieschenscheiben passen auch dazu. Dazu reicht man frisches Bauernbrot und/oder Brezen.

# Westenviertel

ist der → Stadtbezirk 15. Dazu gehört auch der Stadtteil Prüfening (→ Großprüfening). Bis in die 1960er Jahre wurde dort ein **Pferderennplatz** betrieben. Bis zum Zweiten Weltkrieg befanden sich hier auch die Messerschmitt-Werke, die den → Messerschmitt-Kabinenroller herstellten. In diesen Hallen war später samstags einer der ersten heißgeliebten Flohmärkte Regensburgs.

# ZECHEN IN GERICHTSSTUBEN

Ein Ratsschluss von 1596 ist einigermaßen verwunderlich. Es wurde beschlossen, dass es in Gerichtsstuben, aber auch im Rathaus ab sofort verboten sei, **übermäßig zu zechen**. Das Trinken während solcher Sitzungen muss so überhand genommen haben, dass »etliche Hausgenossen unter den Armen **herab und hinwärts geschleppt werden** mussten«. Dieses starke Trinken ist nun – bis heute – abgeschafft und verboten!

# Ziegetsdorf

heißt so nach einem Ziget, das wohl auf dieser Anhöhe war. So sagt man mundartlich zu einem kleinen Wald aus »Zigen«. **Zige bedeutet Föhre**. Man kann auch Tannet, Buchet oder Birket sagen für Tannenwäldchen, Buchenwäldchen und Birkenwäldchen.

# Regensburger Zwergginster

Der Regensburger Zwergginster (Chamaecytisus ratisbonensis), auch **Seidenhaar-Zwergginster** genannt, ist eine **Pflanzenart** aus der Gattung Zwergginster (Chamaecytisus) und gehört zur Familie der Hülsenfrüchtler (Fabaceae). Die Gattung wird häufig auch Geißklee genannt. → Dinge, die nach Regensburg benannt sind

# zwerge

In der Nähe des Klosters von Pielenhofen liegt ein hoher Felsen mit einer Höhle darin, die Osterstube genannt wird. **In dieser Höhle wohnten der Sage nach Zwerge**. Als bei einem befreundeten Jäger Feuer ausbrach, retteten die Zwerge ihm das Leben. Später einmal baten sie den Fährmann und Fischer Bleicher, sie über die Naab zu fahren. Der Fischer wollte kein Geld von den Zwergen, wofür sie ihm sehr dankbar waren. Als Dank legten sie das Versprechen ab, dass ab sofort sein Netz nie leer sein werde. Seitdem sind die Zwerge verschwunden und niemand hat mehr etwas von ihnen gehört.

# Außerdem im Bart-Verlag erschienen:

Das Bayern Sammelsurium

Titelfarbe: Türkis

Hardcover-Prachtausgabe, matt laminiert, in HKS-Sonderfarben bedruckt

144 Seiten – voll illustriert und gestaltet

Farbiger Vor- und Nachspann, Lesebändchen

ISBN 978-3-00-045632-9

Das Taschen-Sammelsurium Regensburg

Titelfarbe: Orange

Taschenbuch, Umschlag offenporiger, filzmarkierter Karton, feinstens in HKS-Sonderfarben bedruckt.

96 Seiten – voll illustriert und gestaltet

Kompakt in den Maßen – schön in der Form

ISBN 978-3-00-050047-3

**www.BartVerlag.de**

# DANK

Ich danke meiner Freundin und Ehefrau Ulrike Dirschl, ohne deren Unterstützung dieses Buch tatsächlich nicht möglich gewesen wäre. Von der ersten Spinnerei an war sie dabei, hat erkannt, dass das was werden könnte und hat mit mir gesponnen und ausgeheckt.

Ich danke meinen Eltern, die mich schließlich hierher auf die Welt gebracht haben und speziell meiner Mutter, die mir bei der Finanzierung dieses Buches geholfen hat.

Vielen Dank auch an Steff Niedl, Andrea Haydn, Sepp Frank, Christine Kindermann und Holger W. John für das Korrekturlesen, die Inspiration und das gute Zureden!

Danken möchte ich auch Christoph Kämpf, Andreas Müller und Stefan Aigner, die mit ihren Gastbeiträgen das Regensburg Sammelsurium bunter gemacht haben.

...und all meinen Freunden, die mir beim Zusammensitzen ihr Ohr geliehen haben, wenn ich von meinem Büchlein erzählt habe. Auch Christian Ankowitsch möchte ich danken, da mich sein Buch »Kleines Universal-Handbuch« sehr inspiriert hat.

Recht herzlichen Dank auch an Mundart-Papst Ludwig Zehetner und Rechtschreib-Papst Christian Stang und Onkel Berthold, die mir freundlicherweise für diese dritte Auflage noch Korrekturen zugeschickt haben.

## Philipp Starzinger

ist am 19. Mai 1976 um 13.05 Uhr in der Hedwigsklinik in Regensburg geboren. Zur Zeit lebt und arbeitet er als Musiker, Grafiker, Fotograf und Autor in Regensburg.

www.phista.de

# Verwendete Literatur

Bauer, Karl, *Regensburg,* MZ Verlag, 1988

Bemelmans, Ludwig, *Die blaue Donau,* Lohrbär-Verlag (Hörbuch), 2005

Beranek, Franz J., *Das Rätsel des Regensburger Brückenmänndels,* Loseblatt aus der Bibliothek des Historischen Museums Regensburg

Böck, Emmi, *Regensburger Stadtsagen,* Pustet

Britting, Georg, *Die kleine Welt am Strom,* Reclam, 2001

*Burg-Wolfsegg.de*

div. Autoren, *Regensburger Almanach,* MZ Buchverlag, verschiedene Jahrgänge

Gumpelzhaimer, Christian Gottlieb, *Merkwürdigkeiten,* Pustet Verlag, 1976

Gumpelzhaimer, Christian Gottlieb, *Regensburg's Geschichte, Sagen und Merkwürdigkeiten*, Pustet, 1984

Motyka, Gustl, *Sagen und Legenden aus dem Land um Regensburg,* MZ, Buchverlag 2001

Motyka, Gustl, *Von Geistern, Hexen, Rittern und Heiligen,* Verlag Laßleben, 2001

Neumann, Carl Woldemar, *Das Büchlein von der Regensburger Wurstküche,* Hermann Bauhof, 1886

Regensburg.de, z.B. Statistiken

Schindler, Herbert, *Kunstführer Regensburg,* MZ Buchverlag, 2001

Stermann, Dirk, *6 Österreicher unter den ersten 5,* Ullstein, 2012

*Die Steinerne Brücke,* Loseblatt aus der Bibliothek des Historischen Museums Regensburg, ca. 1820

*Wikipedia.de*

Zehetner, Ludwig, *Bairisches Deutsch,* Regensburg, 2005

Zehetner, Ludwig, *Basst scho!,* 3 Bände, Regensburg, 2009, 2010, 2011

**Das Regensburg Sammelsurium erhebt keinen Anspruch auf Vollständigkeit oder wissenschaftliche Präzision. Es versteht sich als Zeitdokument, das mündlich Überliefertes, stadtgeschichtliche Fakten und neue Alltagsgeschichte in sich vereint.**

4. korrigierte und verbesserte (auch neue Illustrationen sind dazugekommen!) Auflage Oktober 2015

Entwurf und Illustrationen: Philipp Starzinger
Satz aus der Filosofia und der LiebeDoni.
Gesetzt von Philipp Starzinger.

Das Regensburg Sammelsurium
ist 2011 erschienen im

BART VERLAG

Philipp Starzinger
Wöhrdstr. 23, 93059 Regensburg
www.BartVerlag.de · www.PhiSta.de
E-Mail: sammelsurium@phista.de

Gedruckt und gebunden bei Pustet Regensburg
Printed in Germany

ISBN 978-3-00-036230-9